Argumentationstheorie zur Einführung

Josef Kopperschmidt

Argumentationstheorie zur Einführung

JUNIUS

Junius Verlag GmbH
Stresemannstraße 375
22761 Hamburg
Im Internet: www.junius-verlag.de

Umschlaggestaltung: Florian Zietz
Satz: Druckhaus Dresden
Printed in the EU 2014
ISBN 978-3-88506-320-9
3., unveränderte Auflage 2014
(Zur Einführung; 220)

Bibliografische Information der Deutschen Nationalbibliothek
Die Deutsche Nationalbibliothek verzeichnet diese Publikation in der Deutschen Nationalbibliografie; detaillierte bibliografische Daten sind im Internet über http://dnb.d-nb.de abrufbar.

Inhalt

Anhang

Vorbemerkung

»Wenn ich meine Vernunft unterwerfen soll, brauche ich vernünftige Gründe« – sagt der savoyische Vikar in Rousseaus berühmter *Profession de foi du vicaire savoyard* im 4. Buch seines *Émile* (1762). Lässt sich also gegen Vernunft nur Vernunft aufbieten, soll es vernünftig zugehen? Und ist die Frage, ob es vernünftig zugeht, nur damit zu bejahen, dass es »vernünftige Gründe« sind, die gegen Vernunft aufgeboten werden?

Man mag das Tautologie, Paradoxie, Dialektik oder wie immer schelten – doch auch jenseits einer obsoleten, weil historisch hinreichend diskreditierten Vernunftvergötterung muss gefragt werden: Was hätten wir denn außer Vernunft, woran sich Vernunftkritik sinnvollerweise adressieren ließe? Und woher ließen sich denn Kriterien einer Vernunftkritik gewinnen, wenn nicht aus der Vernunft selbst, deren Kritik sie betreibt, weil »Selbstkritik der Vernunft deren eigenste Moral« ist (Th. W. Adorno)? Und was hätte denn die Kraft, Vernunft wirksam zu beeinflussen, außer Vernunftgründe, die wir »Argumente« nennen werden?

Oder gibt es das gar nicht mehr, *die* Vernunft? Hat sie sich nicht längst zur »arbeitsteiligen Rationalität« (Norbert Bolz) pluralisiert? Es kann ja schwerlich die gleiche Vernunft sein, die Luhmann locker verabschiedet (»Nie wieder Vernunft!«) und auf deren »Sieg« Brecht seinen Galilei (im *Leben des Galilei*) hoffen ließ!

Darüber wird in dieser Einführung zu reden sein. Doch auch wovon auf den folgenden Seiten nicht die Rede sein wird, soll vorweg geklärt sein: Es wird weder die wohlfeile Mär erzählt über Menschen, die von Kopf bis Fuß auf Argumente eingestellt seien, noch von einer Gesellschaft geträumt, in der das Argumentieren als unterhaltsamer und gelegentlich karrierefördernder Sport geschätzt wird. In der Regel sind Menschen weit mehr an ihren eigenen Meinungen und deren faktischer Geltung interessiert als an dem argumentativen Legitimitätsnachweis ihrer Meinungen. Argumentieren ist nämlich eine viel zu anstrengende und riskante Sache, als dass man sie betreiben würde, wenn man nicht müsste. Und wann muss man argumentieren?

Auch darüber wird zu reden sein; ebenso darüber, warum das Argumentieren so anstrengend ist, warum es so selten befriedigend gelingt, wie es überhaupt funktioniert usw. Solche Fragen erwartet man selbstredend nicht in einem Crashkurs in Argumentation. Genau das kann und will die hier vorgelegte Einführung auch nicht sein: Sie bietet kein Programm, wie man argumentativ fit werden kann.

Selbst wenn angenommen werden darf, dass eine reflektierte Argumentationstheorie der eigenen Argumentationspraxis nicht schaden dürfte, das Ziel dieser Einführung ist ein ganz anderes: Sie will primär Respekt vor einer gesellschaftlichen Kulturleistung wecken, die Gewalt durch »die sanfte Gewalt der Vernunft« (Brecht) nicht nur zu zähmen, sondern zu ersetzen versucht, um so das gesellschaftliche Zusammenleben zu zivilisieren. Diese Kulturleistung ist zu fragil, als dass man sie nicht durch ständiges Bewusstmachen ihrer komplexen Voraussetzungen pflegen und vor sozialtechnologischer Rabulistik ebenso schützen müsste wie vor der »schicken Bitterkeit« (Peter Sloterdijk) derer, die sie längst zum Nachlass Alteuropas zählen.

Orientiert an dieser Zielsetzung, versucht die hier vorgelegte Einführung, die grundlegenden und allgemeinen Aspekte des Argumentierens zu erfassen, diese Aspekte systematisch zu erläutern und möglichst beispielhaft zu illustrieren, die Komplexität des Argumentierens als soziokulturelles Artefakt durch die Vielfalt disziplinärer Problemzugänge bewusst zu machen und die jeweils verwendeten Beschreibungssprachen grundbegrifflich zu präzisieren wie deren Theorieabhängigkeit zu klären.

Argumentationstheorie soll in dieser Einführung als eine geschichtsträchtige Reflexionsanstrengung vorgestellt werden, die nicht mehr disziplinär spezifizierbar ist, mögen die jeweiligen Theoriezugänge auch disziplinär inspiriert und instrumentiert sein und bleiben. Argumentationstheorie, wie sie hier verstanden wird, ist der Name eines transdisziplinären Forschungsprojekts, das nach den Bedingungen gewaltfreier Verständigung fragt. Ein solches Interesse muss sich nicht blind stellen für die Gefahr, dass diese Bedingungen selbst wieder Chancen für subtile, weil unmerklich gewordene Gewalt eröffnen können.

1. Zum Interesse an Argumentation: Was kann man von einer Argumentationstheorie erwarten?

Dass es heute ein breit gestreutes Interesse an Argumentation gibt, dürfte weithin unstrittig sein.[1] Deshalb soll dieses Interesse im folgenden Einleitungskapitel auch nur beispielhaft belegt und etwas systematisiert werden, um dann der wichtigeren Frage nachzugehen, nämlich *wie* dieses aktuelle Interesse an Argumentation eigentlich erklärbar ist und *wie* es sich in die Geschichte argumentationstheoretischer Reflexionstradition einordnen lässt.

Natürlich muss man nicht so direkt auf den Markt schielen wie Gerry Spence, dessen Argumentationsanleitung *How To Argue And Win Every Time* (1995; deutsch: *Argumentiere und gewinne*, 1997) bereits im Titel mit einem reißerischen Gebrauchswertversprechen für sich wirbt. Doch ohne jede Berücksichtigung verwendungspraktischer Erwartungen dürften es heute selbst argumentationstheoretische Glanzstücke (wie etwa die Argumentationstopik, s. Kap. 6) schwer haben, in der einschlägigen Ratgeberliteratur auch nur Erwähnung zu finden.[2] Das ist freilich kein Grund zum Lamentieren; denn auch historisch verdankt sich das Interesse an Argumentation weniger der uneigennützigen Suche nach methodischer Wahrheitssicherung als dem durch und durch pragmatischen Bedürfnis nach sozialer Selbstbehauptung.[3] Dieses Interesse wurde sozioevolutionär in gleichem Maße dringlich, wie andere als kommunikative Strategien sozialer Selbstbehauptung gesellschaftlich delegitimiert oder gar institutionell ausgeschlossen wurden. Und eines der sowohl strategisch effizientesten wie gesellschaftlich akzeptiertesten, weil »sanftesten« Mittel solcher sozialen Selbstbehauptung durch Kommunikation war und ist fraglos das Argumentieren. (H-EA, 12)

So jedenfalls hat es die Rhetorik immer gesehen, die sich seit dem 5. Jahrhundert v. Chr. für die verschiedenen kommunikativen Strategien sozialer Selbstbehauptung allgemein und argumentativer im Besonderen theoretisch interessiert hat und die daher nicht nur in die Genealogie der modernen Argumentationstheorie gehört, sondern deren historische Mutterdisziplin darstellt. Dass argumentieren lernen siegen lernen heiße, dieses marktorientierte Credo eines Gerry Spence hätte jedenfalls die antiken Rhetoriker so wenig irritiert wie die Sophisten, für die – anders als für Platon und seine Anhänger – Theoriearbeit in der sozialen Praxis von Nutzen sein sollte. Deshalb scheuten sich die Sophisten auch nicht, Wissen und Redenkönnen als lehrbare, also käufliche Güter zu behandeln. Es war Habermas, der seinerzeit den Begriff »Interesse« theoretisch wieder hoffähig gemacht hat, indem er ihm in der Tradition Nietzsches nicht erst im Verwendungszusammenhang von Erkenntnis, sondern bereits in deren Konstitutionszusammenhang einen Platz zugewiesen hat. (H-TW, 146 ff.; H-EI) Seitdem dürfte es weniger provokativ sein, auch der Theoriearbeit ein praktisches Interesse zuzubilligen, in dem sich das Interesse *an* Theorie in ein »erkenntnisleitendes Interesse« *der* Theorie transformiert.

Dieses praktische Erkenntnisinteresse der Argumentationstheorie ist freilich bloß die explizite Anerkennung ihres Involviertseins in Praxis, wie es für alle sozialwissenschaftlichen Erkenntnisinteressen typisch und spezifisch ist. Sie können sich nämlich ihre Erkenntnisobjekte nicht aus einer distanzierten Beobachterperspektive theoretisch zugänglich machen, weil Sinn-Ereignisse – anders als sinnfreie Geschehnisse – ohne sinnverstehende Vorleistungen sich schlechterdings jedem Zugang entziehen. Auf die Argumentationstheorie angewandt, meint dieser intrinsische Praxisbezug: Argumentationstheorie ist nicht möglich ohne eine (zumindest virtuelle) Teilnahme an der Argumentationspraxis, deren Theorie sie sein will.

Als theoretisch zugänglich gemachte aber bleibt Argumentationspraxis schwerlich, was sie war, weder individuell noch kollektiv. Sie verändert sich tendenziell in dem Maße, wie sie ihre eigene Praxis reflexiv einholt. Solch reflexive Selbsteinholung der Praxis ist aber nicht nur affirmativ instrumentalisierbar, sondern kann auch kritisch handhabbar sein. Das bedeutet: Die Argumentationspraxis muss durch ihre theoretisch angeleitete Selbstaufklärung nicht notwendig bloß strategisch effizienter werden; die Argumentationspraxis kann auch durch Verbreitung und Vertiefung argumentativer Kompetenzen ihre sektoralen Anwendungsgrenzen verschieben, und sie kann darüber hinaus das argumentative Anspruchsniveau und Rationalitätsprofil diskursiver Auseinandersetzung dadurch erhöhen, dass sie sich ihrer eigenen Prozesslogik, Voraussetzungshaftigkeit und normativen Infrastruktur reflexiv bewusst wird. Solch kritischen Ambitionen kann sich freilich eine Argumentationstheorie nur dann erfolgreich andienen, wenn sie sich als Theorie ihre Eigenständigkeit gegenüber der Praxis zu bewahren vermag und der Praxis – statt ihr bloß die eigene Melodie nachzusingen – auch als kritische Instanz entgegenzutreten wagt, indem sie Praxis an deren impliziten Selbstansprüchen regulativ misst. Die erkennbar dialektische Beziehung zwischen Theorie und Praxis der Argumentation legt es nahe, Argumentationstheorie weder als eine bloß reproduktive noch bloß spekulative, sondern als *rekonstruktive* Theorie zu definieren[4]: Argumentationstheorie rekonstruiert so gesehen eine (wahrscheinlich transkulturelle und ubiquitäre) vortheoretische Praxis (H-EA, 60 f.) bzw. argumentationspraktische Kompetenz, die in dem Maße nicht unverändert bleiben dürfte, wie sich tendenziell die Chance ihres reflexiven Vollzugs bzw. ihrer reflexiven Beanspruchung erweitert.

Je nach dem Kontextualisierungsgrad der Argumentationspraxis, die für die Rekonstruktionsarbeit gewählt wird, lassen sich Argumentationstheorien wie folgt unterscheiden: *Allgemein* sollen Argumentationstheorien heißen, die sich 1. für die elementare Funktion des Argumentierens im Kontext sozialen Zusammenlebens interessieren sowie für die Fragen allgemeiner Art, nämlich: wie argumentiert wird, was Argumentieren erfolgreich macht, welches Prinzip dem Argumentieren zugrunde liegt und was es als vernünftig ausweist (Kap. 2 bis 4), die sich 2. für die komplexen Voraussetzungen interessieren, die erfüllt sein müssen, damit überhaupt argumentiert werden kann, sowie für die verschiedenen Typologisierungen, nach denen sich Argumente ordnen lassen (Kap. 5 und 6), die sich 3. für die Chancen der bereichsspezifischen Konkretionen ihrer allgemeinen Fragestellungen interessieren sowie Konzepte fördern, die der Erweiterung argumentativer Kompetenzen dienen bzw. der Methodisierung von Analyse und Kritik faktischer Argumentationen (Kap. 7), und die sich 4. sowohl für die soziale Macht interessieren, die Argumentierenkönnen auch darstellt, wie für die normativen Implikationen des Argumentierens und für die Chance, sie als eigensinnige Ressource von Normen zu nutzen (Kap. 8).

Erkennbar listet dieser Interessenkatalog einer allgemeinen Argumentationstheorie genau die Themen auf, an denen sich auch die Gliederung der einzelnen Kapitel auf den folgenden Seiten orientiert. Daran ist ablesbar, dass die hier vorgelegte Einführung nur eine Einführung in die allgemeine Argumentationstheorie sein kann und will. Von ihr lassen sich Argumentationstheorien unterscheiden, die *sektoral* heißen sollen, weil sie die o.g. Fragen mit Blick auf bestimmte Praxisbereiche des Argumentierens spezifizieren und konkretisieren. Ein besonders attraktiver Praxisbereich ist natürlich wegen der zentralen Rolle, die das Argumentieren in ihm schon immer spielte, die forensische Praxis; entsprechend hochgradig elaboriert ist heute unter den sektoralen Argumentationstheorien auch die juristische Argumentation.[5] Obwohl sich sektorale Argumentationstheorien auch *»angewandte«* nennen ließen, sei dieser Begriff hier für solche Theorien reserviert, die das argumentationstheoretische Wissen so aufbereiten, dass es in Form von Argumentationsdidaktiken für die explizite Verbesserung argumentativer Fähigkeiten bzw. in Form von Analysemodellen für die Methodisierung der Argumentationsanalyse bzw. -kritik genutzt werden kann.

Schließlich wären neben den bisher genannten Theorien, die alle das Interesse an einer *systematischen* Rekonstruktion von Argumentationspraxis verbindet, noch Theorien zu erwähnen, die sich mit Argumentationsforschung unter *historischem* Interesse beschäftigen. Historisch kann das Interesse sowohl mit Blick auf die Geschichtlichkeit argumentativer Plausibilitätsressourcen und argumentativer Muster sein wie mit Blick auf die geschichtliche Verortung des argumentationstheoretischen Interesses selbst.

Wie aber erklärt sich das aktuelle theoretische Interesse an dem Thema »Argumentation«, das nicht nur zu einer disziplinär breit gestreuten Theoriearbeit und einer entsprechenden Vielzahl sektoraler Argumentationstheorien geführt hat[6], sondern auch die Entwicklung einer eigenen, ebenso interdisziplinär organisierten wie philosophisch ambitionierten Argumentationsforschung ermöglicht hat, deren Selbstbewusstsein unvergleichbar ist mit der historischen Schattenexistenz traditioneller Argumentationslehren? Ich möchte vier Gründe nennen, die mir besonders wichtig erscheinen:

1. Argumentationstheorie ist heute zu einem Forum für Fragen geworden, die traditionell in die Vernunftphilosophie gehö-

ren. Und das ist kein Zufall! Doch diese avancierte Stellung verdankt die Argumentationstheorie weniger eigenen Verdiensten als dem Erfolg der Vernunftkritik. Die war nämlich so durchschlagend, dass die »Endewelle ohne Ende«[7] jetzt endlich auch die Vernunft erreicht hat, sodass durchaus nach dem »Ende der Vernunft« gefragt werden darf.[8] Selbst wenn die Antwort positiv ausfallen sollte, ist damit aber das Reden über das »Ende der Vernunft« noch lange nicht am Ende, sondern eigentlich erst recht in Gang gekommen, weil sich die Frage aufdrängt, wie es denn zu diesem Ende gekommen ist. Würde man dieser Frage nachgehen, dürfte man bald auf einen traditionsreichen (mittlerweile auch geschlechtsspezifisch differenzierten) Diskurs über das Reden über das »Ende der Vernunft« stoßen, der seinerseits wieder garantiert, dass das »Ende der Vernunft« nicht das Ende des vernünftigen Redens über dieses Ende impliziert. Wiewohl dieser Diskurs hier nicht nachgezeichnet werden kann, muss doch wenigstens kurz angegeben werden, unter welchen Bedingungen das Reden über das »Ende der Vernunft« Sinn macht und wie dieses Reden mit dem behaupteten aktuellen Interesse an Argumentationstheorie substanziell zusammenhängt.

Eine wichtige Rolle in diesem Reden über Vernunft und ihr Ende stellt fraglos Max Horkheimers *Kritik der instrumentellen Vernunft* dar.[9] Darin schlägt er eine begriffliche Differenzierung zwischen zwei ganz verschiedenen Vernunftverständnissen vor. Er empfiehlt, zwischen einer »objektiven« und einer »subjektiven Vernunft« zu unterscheiden, d.h. zwischen einer Vernunft, die »ein der Wirklichkeit innewohnendes *Prinzip* ist«, und einer Vernunft, die bloß »ein subjektives *Vermögen* des Geistes« meint. Vernunft im ersten Sinne entspricht fraglos dem Vernunftbegriff der philosophischen Tradition bis Hegel. Dieses Vernunftverständnis schloss subjektive Vernünftigkeit zwar nicht aus, nötigte ihr aber eine derivative Legitimation ab. Das heißt: Der

»Grad der Vernünftigkeit« des Menschen bemaß sich am Grad seiner »Harmonie« bzw. Übereinstimmung mit der »objektiven« bzw. »umfassenden« Vernunft. Vernünftigkeit meinte subjektive *Teilhabe an* Vernunft, nicht *Ursprung von* Vernunft. Für dieses Vernunftverständnis bot die traditionelle Sprache u.a. die Metapher des Schauens (griech. »theoria«; lat. »contemplatio«) an: Schauen meint nämlich – anders als Beobachten – ein rezeptives Verhalten, insofern es Subjekte nötigt, sich ihre theoretischen und praktischen Orientierungen außerhalb ihrer selbst zu suchen. Sie können das am besten, wenn sie – um es in der Sprache des berühmtesten philosophischen Gleichnisses für den Aufklärungsprozess zu sagen – die Höhle (der Meinungen) verlassen und sich dem Sonnenlicht der Vernunft aussetzen.

Ein solch objektiver (oder materialer oder ontologischer) Vernunftbegriff ist heute nur noch durch historische Reflexionsanstrengung rekonstruierbar, was seine zeitaktuelle Fremdheit annonciert. Horkheimer hat schon Recht: Die Geschichte der Vernunft bzw. ihres Verständnisses ist die Geschichte der Subjektivierung der Vernunft. Vernunft gibt es (für uns), wenn überhaupt, nicht draußen in der Welt oder in der Geschichte, zumindest nicht als ein subjektunabhängiges Prinzip. Wenn es sie dort gibt, dann nur, weil Menschen dort wieder finden, was sie vorher in die Welt bzw. in die Geschichte hineingebracht haben, eben Vernunft. Vernunft gibt es mithin eigentlich nur als Vernünftigkeit im Sinne eines subjektiven »Vermögens« (Horkheimer), einer subjektiven »Fähigkeit« (Schnädelbach) oder einer »Disposition sprach- und handlungsfähiger Subjekte« (Habermas); »alles übrige«, so Schnädelbach, »ist schlechte Metaphysik«.

Das mag so sein; doch solch forscher Bescheid erschwert es, überhaupt Verständnis für Horkheimers Unbehagen am Subjektivierungsprozess der Vernunft aufzubringen, der ja nicht nur ein Prozess der Entmythologisierung bzw. der Dezentrierung einer ebenso monistischen wie logozentrischen Vernunft war. (S-RE, 42 ff.) Wäre es so, dann wären Habermas' Anstrengungen nicht so recht nachvollziehbar, die dem horkheimerschen Unbehagen an diesem Prozessverlauf ja seine defätistische Anfälligkeit nehmen wollen, wie sie sich besonders eindrucksvoll und einflussreich in der von Horkheimer und Adorno verfassten *Dialektik der Aufklärung* artikuliert.[10] Habermas hat daher versucht, die fraglos korrekte Diagnose einer Subjektivierung der Vernunft anders als Horkheimer zu lesen, nämlich nicht bloß pejorativ als »Formalisierung«, »Funktionalisierung«, »Instrumentalisierung« der Vernunft, also nicht als subjektivistische Schwächung ihres objektiven Gehalts. Stattdessen schlug er eine nichtobjektivistische Transformation dessen vor, was Horkheimer am Vernunftanspruch »objektiv« nannte.

Habermas bedient sich bei der Skizzierung seines Transformationsprogramms eines intuitiven Vorverständnisses, das wir immer schon aktivieren, wenn wir etwas als vernünftig qualifizieren. Mit dieser Qualifikation verbinden wir nämlich in der Regel ein Verhalten, das sich auf *Gründe* einlässt und für *Kritik* zugänglich ist. (H-TK I, 251 ff.) Ein solches Verhalten setzt zwar eine bestimmte »Disposition« von Subjekten voraus, doch ist es mit ihr nicht hinreichend definiert; denn sich auf Gründe einzulassen und für Kritik zugänglich zu sein heißt ja, sich auf ein Verfahren einzulassen, in dem Gründe vorgebracht und kritisch geprüft werden. »Vernünftig« nennen wir demnach erst ein Verhalten, das subjektive Ansprüche einer *intersubjektiven* Prüfung aussetzt und ihnen damit implizit einen *transsubjektiven* Gehalt attestiert, der seine Berechtigung verfahrensmäßig müsste nachweisen können. Habermas redet gelegentlich von diesem verfahrensmäßigen Nachweis etwas missverständlich, wenn er von »objektiver Beurteilung« (H-TK I, 44) spricht; gemeint ist ebendies: Die Subjektivierung der Vernunft nötigt mit der fälligen

Verabschiedung subjektunabhängiger nicht auch zugleich zur Verabschiedung subjekttranszendierender Vernunftansprüche, wohl aber zur Klärung ihrer nichtobjektivistischen bzw. postmetaphysischen Einlösungschance. Habermas' Vorschlag für eine solche nichtobjektivistische und postmetaphysische Einlösungschance lässt sich mit seinen eigenen Worten konzeptionell als »Verfahrensrationalität« charakterisieren (H-ND, 42ff., 153ff.; H-TK I, 42ff.): Verfahrensrationalität ist nach Habermas die angemessene Antwort auf die vernunftgeschichtlich fällige Subjektivierung der Vernunft, die deren subjektivistischen Fallen zu entgehen vermag. Sie entgeht ihnen, indem sie den traditionellen Objektivitätsanspruch der Vernunft gleichsam prozeduralisiert, sodass er verfahrensmäßig einlösbar wird. Es macht daher Sinn, ein solchermaßen transformiertes Vernunftverständnis auch »prozedural« oder »formal« zu nennen. (H-PD, 137; H-ND, 42ff., 153ff.)

Noch präziser freilich wäre es, das habermassche Konzept der Verfahrensrationalität als »Begründungsrationalität«[11] bzw. – im Vorgriff auf noch ausstehende terminologische Klärungen – als »Argumentationsrationalität« zu charakterisieren; denn eben das ist die habermassche Vernunfttheorie ja: eine unter dem Namen »Diskurstheorie« entfaltete Argumentationstheorie. Als vernünftig gilt ihr entsprechend nur, was sich erfolgreich, was sich mit guten Gründen oder überzeugungskräftigen Argumenten hat behaupten können, sodass es intersubjektiv konsensfähig wird. Unterstellt man die Plausibilität und modernitätsspezifische Angemessenheit eines solchen prozeduralen Vernunftbegriffs, um den philosophischen Gehalt des historischen Vernunftbegriffs nachmetaphysisch zu retten, dann dürfte auch dies plausibel sein: Vernunfttheorie *muss* unter solchen Bedingungen die Gestalt einer Argumentationstheorie annehmen, weil Argumentationstheorie die genuine Reflexionsinstanz ist, die klären zu können verspricht, wie eine Prozeduralisierung der Vernunft methodisierbar ist. Und noch etwas macht Argumentationstheorie als konzeptionellen Rahmen für die Selbstexplikation einer modernen Vernunfttheorie geeignet: Sowenig sich Vernunft bzw. Vernünftigkeit monologisch reklamieren lässt, ohne zugleich den originären Sinngehalt von Vernunft zu dementieren, sowenig ist Argumentieren eine monologisch durchführbare Prozedur. Argumentieren hat vielmehr immer die anderen zu Adressaten, weshalb auch nur die anderen beurteilen können, ob eine Argumentation ihrem genuinen Selbstanspruch gerecht wird, nämlich überzeugungskräftig ist.

Damit dürfte der hier behauptete intrinsische Zusammenhang zwischen heutiger Vernunft- und Argumentationstheorie in Umrissen deutlich geworden sein, aufgrund dessen der Argumentationstheorie heute eine Schlüsselrolle in der »Theorie der Rationalität« zukommt[12]: »Ich glaube«, schreibt Richard Rorty, »daß der Begriff ›Vernunft‹, sofern er überhaupt etwas bedeutet, die Möglichkeit sprechender Subjekte ist, einander zu überzeugen statt Gewalt anzuwenden.«[13]

2. Doch wie steht es bei dieser Hochschätzung der Argumentationstheorie mit der Logik als Hort der Vernunft? Folgt man Theoretikern wie Perelman, Toulmin, Habermas oder Apel, dann wäre die Logik (zumindest in ihrer Rolle als Schlusslehre bzw. Syllogistik) angemessener als »spezielle« Argumentationstheorie zu bestimmen; als »spezielle« deshalb, weil sie nur argumentative Grenz- bzw. Ausnahmefälle berücksichtigt, nämlich solche Argumentationen, die schlüssig im strikt »logischen« Sinne sein können, weil sie strikt »analytisch« sind. (T-GA, 111 ff., 129 ff.)

Analytische Argumentationen leisten freilich zunächst einmal, was alle Argumentationen zu leisten versprechen; sie begründen etwas *durch Berufung auf etwas anderes*[14], wobei dieses

»etwas« den Geltungsanspruch einer Aussage meint. So gesehen begründen Argumentationen den Geltungsanspruch einer Aussage durch die Behauptung einer Geltungsbeziehung zwischen ihr und einer anderen Aussage, von deren Anerkennung ihre eigene Anerkennung abhängig gemacht wird. Analytisch sind nun Argumentationen, wenn diese behauptete Geltungsbeziehung analytisch ist, wenn also eine Geltungsimplikation behauptet wird, aufgrund deren die Gültigkeit der einen Aussage bereits logisch in der Gültigkeit der anderen enthalten sein soll, sodass sie aus ihr auch schlüssig abgeleitet (deduziert) werden kann.

Solche analytischen Argumentationen sind erkennbar ebenso stringent, wie sie für die Argumentationspraxis wertlos sind; es gibt nämlich kaum Probleme, die sich mit ihrer Hilfe lösen ließen. Selbst das klassische Schulbeispiel für eine analytische Argumentation, an dem Generationen von Studierenden ihre logische Propädeutik exekutiert haben, selbst der berühmte Syllogismus »Sokrates ist sterblich« ist nicht ganz so analytisch, wie er sich gibt; denn er behauptet ein zukünftiges Geschehen (Sokrates ist sterblich) aufgrund der Gültigkeit eines allgemeinen Erfahrungssatzes (weil alle Menschen sterblich sind), der sich für seine Gültigkeit nur auf Daten aus der Vergangenheit berufen kann. Wollte man diesen kleinen Mangel tilgen, müsste die Argumentation, um analytischen Ansprüchen zu genügen, tautologisch werden, d.h., sie könnte als Konklusion nur »mit anderen Worten wiederholen«, was sie bereits vorausgesetzt haben muss, um ihre allgemeine Prämisse beispielhaft oder enumerativ absichern zu können. (T-GA, 135, 111 ff.) Doch wer – außer Logikern – sollte Interesse an solch tautologischer Selbstvergewisserung haben?

Die Praxis braucht nämlich etwas ganz anderes; Praxis braucht Argumentationen, die Ungewissheit durch methodisches Anschließen an geteilte Gewissheiten so weit zu reduzieren vermögen, dass sie ein auf bewährte Plausibilitätsannahmen gestütztes (!) und deshalb verantwortliches Reden und Handeln zulassen. Diese Argumentationen nennt Toulmin im Unterschied zu »analytisch«: »substanziell«. Substanzielle Argumentationen können gar nicht logisch stringent sein, weil sie sich an die Lösung von Problemen wagen, die mit den Mitteln analytischer Argumentation nicht einmal zugänglich wären. Entsprechend müssen sie ständig logische Toleranzgrenzen überschreiten. So nährte sich z.B. bei Kritikern des Kosovo-Krieges das Misstrauen gegenüber seiner gängigen menschenrechtlichen Legitimation aus Erfahrungen, die sich auf bekannte Instrumentalisierungen von Moral für die strategische Durchsetzung von Interessen bezogen. Doch so defizitär diese Argumentation unter analytischen Maßstäben auch war und so sehr sie ihren analytischen Gewissheitskredit auch überzieht, ihr substanzieller Charakter war dennoch erkennbar in der Lage, einem ernsthaften Bedenken im öffentlichen Diskurs über die legitimatorischen Grundlagen des Kosovo-Krieges argumentativ Stimme und Gewicht zu geben. Und dieses Gewicht ist durchaus methodisch überprüfbar. Das bedeutet: Auch substanzielle Argumentationen erheben Rationalitätsansprüche, die sie einlösen müssen, sollen sie Überzeugungskraft entwickeln. So lag beispielsweise die erkennbare Schwäche des beliebten argumentativen Hinweises auf Schändungsgefahr, mit dem einige Kritiker ihr Votum gegen den Eisenman-Entwurf für das Berliner Holocaust-Mahnmal begründeten, in der nicht gelingenden Verallgemeinerung eines Prinzips, das sie als verallgemeinerungsfähig voraussetzen mussten, um ihre Ablehnung argumentativ abstützen zu können. Würde nämlich Schändungsgefahr allgemein als überzeugendes Argument gegen ein öffentliches Bauvorhaben gelten, dann gäbe es in der Republik kein einziges öffentliches Gebäude.

Die skizzierte Logikkritik der o.g. Argumentationstheoretiker ist zwar fraglos eine Kritik an der Überschätzung der Logik für die Praxis des Denkens, Redens und Handelns; weit mehr aber ist sie ein Plädoyer für eine Differenzierung des Logikbegriffs (formell/informell; ideal/angewandt) bzw. des Argumentationsbegriffs (analytisch/substanziell; apodiktisch/dialektisch; deduktiv/induktiv usw.), die der Ausweitung des Vernunftbegriffs dienen soll; notfalls auch auf Kosten der »Reinheit« von Vernunft. Es gibt eben auch ein vernünftiges Plädoyer für eine »unreine Vernunft«.[15] Vernünftig ist dieses Plädoyer, weil es – um eine von Kant entliehene argumentationstheoretische Lieblingsmetapher zu zitieren – für die Zuständigkeitserweiterung des »Gerichtshofs der Vernunft« plädiert. Das käme besonders dem Bereich der Praxis zugute, die endlich wieder als vernunftfähig dargestellt werden könnte, und zwar nicht nur prinzipiell, sondern auch pragmatisch, eben durch die Methodisierung ihrer Vernunftfähigkeit. Möglich soll die Zuständigkeitserweiterung der Vernunft durch eine Flexibilisierung des Vernunftbegriffs werden, wobei die eine Vernunft in der Vielheit ihrer kontextuellen Gestalten wirksam werden könnte. (H-ND, 153 ff.; A/K-VR) Dass solche Flexibilisierung der Vernunft freilich nicht bloß als Chance ihrer »arbeitsteiligen« Leistungssteigerung verstanden werden muss[16], sei nicht verschwiegen; sie kann auch als Deckname begriffen werden für eine Pluralisierung der Vernunft, die über diese Operation sich endlich von ihrem emphatischen Selbstanspruch befreien könnte. Es gibt nämlich auch eine Pluralisierung der Vernunft, die nicht mehr bloß die Pluralisierung der *einen* Vernunft meint, sondern die Pluralisierung eigensinniger Rationalitätsmodelle, die sich wechselseitig nur noch mit fremden und misstrauischen Blicken beäugen.

3. Für die moderne Gesellschaft sind bisher viele charakterisierende Kennzeichnungen vorgeschlagen worden, u. a. von Peter Gross *Multioptionsgesellschaft* (1994). Dieser Titel benennt einen

in unserem Fragezusammenhang wichtigen Aspekt moderner Gesellschaften, weil er deren (pragmatisches) Interesse an Argumentation einsichtig zu machen vermag: Mit der tendenziellen Ausweitung von Wahlmöglichkeiten steigen selbstredend nicht nur die Wahlzwänge, sondern auch die Rechtfertigungsansprüche an Wahlakte. Das hat Odo Marquard von der Gefahr der »Übertribunalisierung« reden lassen, die zu riskanten Abwehrreaktionen gegen die »Tyrannei der Möglichkeiten« (Hannah Arendt) führen könnte.[17] Unstrittig jedenfalls dürfte sein: Je mehr Optionen, desto mehr argumentativer Entscheidungs- und Rechtfertigungsbedarf!

Es ist hier nicht nötig, die exponentielle Zunahme an Optionen von der pränatalen Phase bis zur Sterbephase im Einzelnen zu belegen. Die Beispiele würden nur eine für Wissensgesellschaften typische Entwicklung bestätigen, dass nämlich Optionen zwangsläufig durch Einsicht in Prozesse steigen, die bisher den Menschen zwar betrafen, von ihm aber nicht handelnd zu beeinflussen waren (wie etwa sein Genom).[18] Solche Optionszunahme lässt die traditionelle Grenze zwischen Tun und Lassen unscharf werden und führt deshalb zu einem starken Anwachsen des vom Menschen Beeinflussbaren, wodurch zugleich sein Zuständigkeitsbereich immer größer wird. In gleichem Maße aber, wie der Bereich des Auch-anders-sein-Könnens (Aristoteles)[19] zunimmt, wächst mit der Zuständigkeit auch die Verantwortungslast des Menschen, weil immer mehr von dem, was ist, sich seinem Willen verdankt, *dass* es ist und dass es *so* ist, wie es ist. Die »Gnade des Hinnehmenmüssens« ist mithin immer seltener einklagbar.[20]

Ulrich Beck hat die mit diesen Folgen ständig konfrontierte moderne Gesellschaft in seinem gleichnamigen Buch »Risikogesellschaft« (1986) genannt und in einer anderen Publikation (1994) von »riskanten Freiheiten« gesprochen. »Riskant« ist es in der Tat, in einer Gesellschaft zu leben, die nicht nur ihre eigenen Existenzgrundlagen optionalisiert hat und damit für sie verantwortlich wird, sondern die sich auch anschickt, die weitere Evolutionsgeschichte in die eigenen Hände zu nehmen. Entsprechend anstrengend ist es, diese gewaltige Verantwortungslast gegebenenfalls (vgl. das Problem des Klonens) argumentativ abzuarbeiten. Der allerorten und andauernd reklamierte Bedarf an so genannten Konsensgesprächen und Argumentationshilfen macht das überdeutlich. Bei gleichzeitiger Abnahme von Konsensressourcen annonciert dieser inflationäre Konsensbedarf freilich eher ein »Konsensparadox« denn reale Konsenschancen.[21]

Eine der Grundthesen von Gross lautet, dass es eine »unsichtbare Allianz von Optionierung und Entobligationierung« gebe. Belege für diese evidente These liefert in diesem Fall nicht so sehr die eben erwähnte Wissensabhängigkeit der modernen Gesellschaft als vielmehr deren posttraditionale und -religiöse bzw. säkulare Infrastruktur. Immer mehr Lebensbereiche bekommen ihre handlungsleitenden Orientierungen nicht mehr vom Berg Sinai, sondern aus Überzeugungen, für deren Vernünftigkeit Subjekte gegebenenfalls selbst einstehen müssen; man denke beispielsweise an das Dauerthema Schwangerschaftsabbruch. Auch hier, im Normativen also, eine Subjektivierung, die aber wieder nicht notwendig als Wertrelativierung oder gar Wertverlust gelesen werden muss, sondern sich auch als normative Neufundierung interpretieren lässt. Dementsprechend stellt sich die gleiche Dialektik ein: Der exponentielle Zuwachs an Entscheidungschancen ist zugleich ein exponentieller Zuwachs an Entscheidungsbedarf und argumentativem Rechtfertigungsdruck; denn erst wer frei wählen kann, wird rechtfertigungspflichtig.

Individuell mag das noch aushaltbar, weil kompensierbar sein, doch gesellschaftlich? Was bedeutet es für die Integrationschancen moderner Gesellschaften, dass sie zwar einen Geltungsschutz für bestimmte Basisnormen wie »die Würde des Menschen« behaupten, ihn aber bei Bedarf[22] kaum zu begründen vermögen, weil selbstevidente Wahrheiten, wie sie die amerikanische Unabhängigkeitserklärung von 1776 noch unterstellen konnte, nicht in Sicht sind? Und ob ein Verfassungspatriotismus und ein Bekenntnis zur deliberativen Demokratie die Funktion älterer Integrationsmechanismen ersetzen können, ist eine noch offene Frage. (H-FG, 349 ff.)[23]

Diese Frage muss hier gottlob auch nicht beantwortet werden; doch sollten diese Risiken zumindest erwähnt werden, die der Versuch der Moderne impliziert, nämlich ohne einen gemeinsamen (normativen) Begriff vom guten Leben ein gemeinsames Leben gesellschaftlich zu organisieren. Ulrich Beck und Anthony Giddens haben für diesen Typ von Moderne den suggestiven Begriff »reflexive Modernisierung« bzw. »institutionalisierte Reflexivität« vorgeschlagen, um anzudeuten, was die »zweite Moderne« von der »ersten«, »alten« und »einfachen« unterscheidet: Sie muss versuchen, ihre eigene Prozessdynamik mitsamt deren Folgen dadurch einzuholen, dass sie »die Gesellschaft von innen politisiert«.[24]

Wie vage auch immer diese Begriffe noch sein mögen, sie verdanken sich dem Bewusstsein einer radikalen Zäsur, über die bisher eigentlich nur sicher gesagt werden kann, dass sie das Ende vieler Gewissheiten sein dürfte und, so Habermas, zunächst nur das verbindende Gefühl einer »neuen Unübersichtlichkeit« verbreitet. Nüchterner könnte man in Anlehnung an Luhmann auch von Komplexitätszunahme reden. (L-GG, 134 ff.)

4. Neben Subjektivierung, Pluralisierung, Prozeduralisierung, Verwissenschaftlichung und Reflexivierung muss endlich noch ein Stichwort genannt werden, das den sozialen Bedarf an Argumentation in modernen Gesellschaften in besonderer Weise

deutlich macht: Demokratisierung. Damit ist ein Prozess gemeint, der das politische Modell der deliberativen Verständigung zwischen »freien und gleichen Bürgern« (Aristoteles) tendenziell zum allgemeinen, auf Verständigung beruhenden Kooperationsmodell zwischen Menschen generalisiert, die sich wechselseitig als gleichwertig anerkennen.[25] Über die Motive dieser wechselseitigen Anerkennung muss hier nicht spekuliert werden; es reicht die Einsicht, dass Freie und Gleiche sich wechselseitig zu nichts und durch nichts zwingen lassen müssen – außer durch »zwingende« Argumente, die aber nur diejenigen zwingen können, die sie als zwingend anerkennen. Insofern bestätigen sich Menschen mit der Akzeptanz dieser singulären Zwangsform wechselseitig nur ihre Freiheit und Gleichheit, wodurch gleichzeitig Macht, verstanden als »Chance, [...] den eigenen Willen auch gegen Widerstreben durchsetzen« zu können (Max Weber), tendenziell obsolet wird.

Es ist evident, dass ein solches, oft »diskursiv« genanntes Verständigungsmodell – zumindest seinem idealisierten Anspruch nach – ein durch und durch argumentatives Verständigungsmodell ist und einen entsprechend hohen Bedarf an Argumentationsarbcit impliziert. Wer den eigenen Willen nicht mehr gegen Widerstreben durchsetzen kann, ist genötigt, möglichen »Widerstand« argumentativ abzubauen, bis sich ein gemeinsamer Wille gebildet hat, der kooperatives Handeln möglich macht. Die Organisation einer Gesellschaft, die dieses argumentative Verständigungsmodell bzw. »Diskursprinzip« (Habermas) für das Findungsverfahren kollektiv bindender Entscheidungen politisch institutionalisiert hat, nennen wir Demokratie (H-FG, 151 ff.); den Prozess, in dem eine Gesellschaft alle sozialen Beziehungen auf dieses als Demokratieprinzip institutionalisierte »Diskursprinzip« umzustellen versucht, nennen wir Demokratisierung der Gesellschaft. Solche Demokratisierung ist entsprechend gleichbedeutend mit einer durchgehenden Politisierung der Gesellschaft, was manche Theoretiker von einer »(Neu-)Erfindung des Politischen« in Gestalt seiner »subpolitischen (entinstitutionalisierten) Verflüssigung« reden lässt.[26] Diese subpolitische Verflüssigung des Politischen kann man auch mit dem Begriff »deliberativ« kennzeichnen, womit u.a. Habermas den originären Eigensinn eines demokratischen Poltikverständnisses authentisch glaubt abbilden zu können. (H-FG, 332ff., 349ff.) Deliberativ realisiert sich Politik nach Habermas heute zunehmend »zweigleisig«, zum einen in den parlamentarisch institutionalisierten Regularien des demokratischen (Entscheidungs-)Verfahrens, zum anderen in den informellen Meinungsbildungsprozessen in der Öffentlichkeit. Das »Zusammenspiel« zwischen »informeller *Meinungs*bildung« und »formeller *Willens*bildung« ist die Voraussetzung einer rational motivierenden und kollektiv bindenden Zustimmungsnötigung. Dieses Zusammenspiel wird nach Habermas heute durch »diskursive Filter« erleichtert, d.h. durch »Netzwerke von Diskursen und Verhandlungen«, deren Ziel die rationale Lösung eben jener Probleme ist, die andernorts nicht lösbar sind; nicht lösbar deshalb, weil außer Politik kein anderes Teilsystem auf die Herstellung kollektiv bindender Entscheidungen spezifiziert ist. Politik kann diese »Art Ausfallbürgschaft für die Lösung der integrationsgefährdenden Probleme der Gesellschaft [nur] übernehmen«, wenn sie, obwohl sie bloß Teilsystem der Gesellschaft ist, mit allen übrigen Teilsystemen in Verbindung steht. (H-FG, 366) So gesehen ist das Demokratieprinzip nichts anderes als eine besondere, konkrete Gestalt des Diskursprinzips (H-FG, 367), wie das Argumentationsprinzip nichts anderes ist als eine besondere, nämlich methodologische Gestalt des Diskursprinzips.

In seiner Regierungserklärung vom Herbst 1969 hatte Willy Brandt seinerzeit dieser Tendenz eine wirksame Formel geliefert:

»Wir wollen mehr Demokratie wagen!« Wirksam konnte diese Formel aber nur werden, weil die Tendenz, der sie Sprache gab, ihren sozioevolutionären Charakter längst nicht mehr individuell beglaubigen lassen musste. Im gleichen Maße, in dem aus einer historischen Verständigungschance weniger Privilegierter (in der antiken Polis) ein Verständigungsprinzip demokratischer Gesellschaften wird, kann sich das Niveau des öffentlichen Diskurses mehr und mehr von seiner individuellen Motivationszufuhr abkoppeln und dennoch die Individuen wirksam nötigen, sich an den Regeln des öffentlichen Diskurses zu orientieren, wollen sie öffentlich Gehör finden.

Wer sich nun an Hegels Rede von der »List der Vernunft« erinnert fühlt, dürfte sich wahrscheinlich auch von dem Denkexperiment nicht abschrecken lassen, die tendenzielle Entgrenzung des argumentativen Verständigungsprinzips einmal mit den Augen der hegelschen »Philosophie der Geschichte« zu lesen: als Geschichte »des Fortschritts im Bewußtsein der Freiheit«, die im Fortschreiten von der Freiheit des »Einen« über die Freiheit »einiger« bis zur Freiheit »aller« ihre vernünftige Sinnstruktur zu erkennen gibt.[27] Wem dieser Vernunftoptimismus zu kühn ist, kann ihn für den alltäglichen Gebrauch herunterstimmen; doch ganz ohne den Glauben, dass sich im Kampf um innergesellschaftliche wie globale Durchsetzung des diskursiven Demokratieprinzips der Kampf um ein Vernunftprinzip zur Geltung bringt, bliebe das verbreitete Engagement für diesen Kampf unverständlich.

Wie auch immer man diesen Kampf philosophisch deuten will, sein Erfolg hat zwischenzeitlich Fakten geschaffen, die schwerlich ignorieren darf, wer heute öffentliche Meinung beeinflussen will; es gibt in der Tat so etwas wie eine öffentliche Argumentations- bzw. Diskurskultur. Zumindest darf man gegen alles sein, nur nicht (öffentlich) gegen Argumentation. Dahinter muss freilich nicht unbedingt bei allen ein emphatisches Ja zum Diskursprinzip oder zum Prinzip vernünftiger Rede stehen; auch nicht unbedingt die Angst, sich eines »performativen Widerspruchs« schuldig zu machen; das wäre für viele (Apel und seine Schüler einmal ausgenommen) durchaus hinnehmbar. Weniger hinnehmbar freilich ist, dass prinzipielle Argumentationsverweigerung heute sozial nachhaltig sanktioniert wird. Damit ist zugleich gesagt: Argumentierenkönnen ist unter sozioevolutionären Bedingungen des Argumentierenmüssens ebenso sehr eine mögliche Machtressource wie Argumentierenmüssen ein Zwang sein kann, der zwar nicht per se schon eine Garantie für das Vernunftinteresse der Argumentierenden ist, wohl aber die Chancen der Vernunft strukturell vermehrt, indem er Raum schafft für argumentativen Zwang. Wenn stimmt, was oben gesagt wurde, dass sich nämlich in diesem Zwang Menschen zugleich wechselseitig ihre Freiheit und Gleichheit bestätigen und beglaubigen, dann wird eine Vermittlungschance zwischen Freiheit und Zwang erkennbar, deren Dialektik Vernunft davor schützt, als Idylle träumender Philosophen missdeutet zu werden.

Die beiden bereits genannten wichtigsten Inspiratoren einer modernen Argumentationstheorie, nämlich Perelman und Toulmin, sind, wenn auch auf verschiedenen Wegen und zu verschiedenen Zeiten, auf die gleiche Disziplin gestoßen: auf die Rhetorik. Auf die Rhetorik sind beide gestoßen, weil beide – ausgewiesene Kenner der Logik – auf die Rhetorik (inklusive der Topik) stoßen *mussten*, sobald sie sich für die Gründe ihres Unbehagens an der Logik zu interessieren begannen; denn unter dem Namen »Rhetorik« war jahrhundertelang professionell ein Interesse verwaltet und bearbeitet worden, das man mit Toulmin als Interesse an »substanzieller Argumentation« spezifizieren könnte. In diesem Interesse der Rhetorik fanden Toulmin und Perelman nicht nur ihr Unbehagen an der Logik historisch beglaubigt; sie fanden ein System von Problemlösungsstrategien, die zwar logisch meist insuffizient, argumentativ aber trotzdem nicht schlichtweg ineffizient waren. Vielmehr entsprachen sie so sehr unseren Plausibilitätsansprüchen, dass auf sie im Alltag (und nicht nur dort) gar nicht verzichtet werden könnte. Offensichtlich ist »schlüssig« nicht nur ein logisch deklinierbarer Begriff; die Grenzen argumentativer Plausibilität reichen weiter als die logischer Gültigkeit. Deshalb wurde Logik für Perelman und Toulmin zu einem (u.a. an Descartes demonstrierbaren) Beispiel dafür, wie ihre praktische Insuffizienz eine Praxis um die Vernünftigkeit betrog, die ihr durchaus möglich ist, solange man nicht ein methodologisches Grundprinzip des Aristoteles missachtet[28], das in seiner habermasschen Reformulierung und praktischen Fokussierung wie folgt lautet: »Die Ungewißheit im Handeln wächst, je strenger man in diesem Bereich die Maßstäbe für die [...] Vergewisserung wählt.« (H-TP, 18)

Die Korrelation zwischen logischer Stringenz und praktischer Irrelevanz ist so fatal (freilich nur für die Praxis, nicht für die Logik), wie sie notwendig ist; zumindest solange Logik die Mathematik als Modell für erstrebenswerte Vergewisserung wählt und damit der Praxis eine More-geometrico-Rationalität abverlangt, die ihr prinzipiell nicht möglich ist und sie entsprechend in Bedrängnis bringen muss. (A-BE) Es ist daher kein Zufall, dass Perelman wie Toulmin mit dem seit Platon philosophisch ambitionierten Mathematikmodell brachen und sich für ein genuin rhetorisches Modell entschieden, nämlich für das forensische. Forensisch verteidigte und eingeklagte Rechtsansprüche mit ihrer situativ klar konturierten Einbettung sind seitdem immer wieder (bis zu Habermas' Diskurstheorie) das Modell, an dem methodisch abzulesen versucht wird, was es allgemein heißt, Ansprüche auf Geltung vernünftig zu rechtfertigen. Geeignet ist das forensische Modell, weil es auf Probleme spezialisiert ist, die 1. mithilfe analytischer Argumentation regelhaft nicht lösbar sind, die aber 2. um des Rechtsfriedens willen und seiner die Gesellschaft stabilisierenden Wirkung gelöst werden müssen und die 3. so gelöst werden müssen, dass Entscheidungen aufgrund des Entscheidungsverfahrens selbst bei Niederlagen anerkannt werden können und die gesellschaftlich notwendige Kooperation sicherstellen. Forensische Problemlagen sind daher typisch für Problemlagen, mit denen sich die Rhetorik seit ihrer theoretischen Entwicklung in der Antike befassen musste und für die sie eine Methode entwickelt hat, die sich angemessen mit folgenden Worten beschreiben lässt: »Die Rhetorik ist die Kunst, einen Konsens in Fragen herbeizuführen, die nicht mit zwingender Beweisführung entschieden werden können [...]. Wenn diese Entscheidungen rational getroffen werden, fallen sie weder theoretisch zwingend noch bloß arbiträr aus; sie sind vielmehr durch überzeugende Rede motiviert.« (H-UH, 267)

Eine Rhetorik freilich, die auf die Vielfalt lebenspraktischer Probleme angemessen reagieren will, muss Formen eines rationalen Problemumgangs entwickeln, die vielfältiger sind als die neunzehn Modi logisch gültigen Schließens. Diese Formen müssen so vielfältig sein, wie die Probleme selbst es sind. Ich werde im sechsten Kapitel auf die Vielfalt der Formen (Muster) noch eingehen, die sich argumentationspraktisch wegen ihres hohen Plausibilitätsgrades bewährt haben und entsprechend theoretisch immer wieder rekonstruiert worden sind. In dieser Vielfalt bringt sich freilich nur die vielfältige Gestalt eines Prinzips zur Geltung, das – anders als das logische (bzw. syllogistische) – kein de-duktives, sondern ein *re-duktives* ist: Argumentationen gehen nämlich nicht von Prämissen aus, um aus ihnen Konklusionen abzuleiten, sondern von Problemen, für die sie Lösungen vorschlagen, die ihren Plausibilitätsanspruch auf Gewissheiten zurückführen, mit denen sie in einem methodisch vermittelbaren Zusammenhang stehen. Ebendiese re-duktive Struktur bildet sich in dem noch zu erläuternden argumentativen Grundprinzip präzise ab. (Kap. 3 und 4)

Der Sinngehalt dieses Grundprinzips und die Vielfalt seiner Realisierungsmuster werden für uns historisch erstmals greifbar in Texten der antiken Rhetorik, besonders kondensiert in Quintilians Traktat *Über das Argumentieren*. In ihm fasst der Autor 95 n. Chr. den Ertrag einer jahrhundertelangen Reflexionstradition mustergültig zusammen, die sich an Aristoteles' fundamentaler Unterscheidung zwischen »apodiktischer« (analytischer) und »dialektischer« (argumentativer) Rationalität orientiert.[29] Für die Rhetorik *musste* das Thema »Argumentation« interessant werden, denn sie war und ist *das* basale Verfahren, um Menschen gewaltlos, durch den »zwanglosen Zwang« überzeugender Rede (Persuasion) für gemeinsame Ziele zu gewinnen. Dass dieses Verfahren für den politischen Verkehr zwischen »Freien und Gleichen« in Athen erstmals eingesetzt wurde, macht den »griechischen Sonderweg« aus, den Christan Meier – mit Blick auf die Folgen – »die politische Revolution der Weltgeschichte« nennt.[30]

Trotz des ambivalenten Status der Rhetorik seit der Abgrenzung der »logica nova« bzw. »moderna« von der »logica vetus« im 12. Jahrhundert und trotz des antirhetorischen Methodologismus der beginnenden Neuzeit wurde ihr argumentationspraktisch nützliches Wissen weiter tradiert, etwa im Rahmen der Artistenfakultät oder der Rhetorikklasse (in Frankreich bis 1902!), etwa in den Lehrbüchern der Disputationskunst, der Predigttheorie und besonders natürlich der juristischen Methodenlehre. Insofern überrascht es nicht, dass es Rechtstheoretiker wie Perelman und Theodor Viehweg waren, die das historische Reflexionssubjekt der Argumentation, die Rhetorik (mit der Topik), wieder entdeckten und deren Erkenntnisse für ihre eigenen Arbeiten systematisch nutzten; Perelman so intensiv, dass er seinen *Traité de l'argumentation* (1958) mit Recht *La Nouvelle Rhétorique* nannte. Der Wittgenstein-Schüler Toulmin hat erst später, nach Abschluss von *The uses of argument* (1958), bemerkt, dass er sich auf originär rhetorischem Reflexionsgelände bewegt hatte; und er hat dies mit einem expliziten Vorwurf an die Adresse der ihm besonders vertrauten sprachanalytischen Philosophie bekannt, die er für diesen folgenreichen Bruch in der Reflexionstradition verantwortlich gemacht hat.[31] Andere, wie die Vertreter einer so genannten dialogischen Logik[32] oder Diskurstheoretiker wie Habermas, haben entweder an der Geschichtlichkeit ihres eigenen Interesses wenig Interesse gezeigt oder die Berührungsangst gegenüber dem vornehmlich in Deutschland belasteten Begriff »Rhetorik« nie abgelegt. Das hat die argumentationstheoretische Wiederkehr der Rhetorik, genauer: das allgemeine Bekanntwerden dieser Wiederkehr zwar etwas verzögert, aber nicht verhindern können. Heute ist Rhetorik als historischer Titel wie als produktive Inspirationsquelle argumentationstheoretischer Interessen ebenso unstrittig, wie sie allgemein als frühestes Konzept einer Anthropologie wieder relevant geworden ist, deren Teiltheorie die Argumentationstheorie darstellt. Die Rhetorik interessiert sich nämlich für Menschen nur, insofern sie unter Bedingungen von Kontingenz leben. Wenn dies tatsächlich die Bedingungen möglichen Handelns (im emphatischen Wortsinn) sind und wenn solche Bedingungen deliberative Verständigung zwischen den Handelnden über ihre Handlungsoptionen nötig machen, dann erklärt sich daraus auch das zitierte aktuelle Interesse an Rhetorik: Je mehr Optionen es gibt, desto mehr Rhetorik ist nötig.[33]

2. Zur Funktion der Argumentation: Warum argumentiert man?

Vernünftig ist ein Verhalten, das sich vernünftig begründen lässt. Mit dieser noch tautologieverdächtigen Aussage haben wir u.a. das aktuelle vernunft- bzw. rationalitätstheoretische Interesse an Argumentation zu erklären versucht. Wenn wir die zwischenzeitlich eingeführten terminologischen Präzisierungen berücksichtigen, ließe sich diese Aussage so reformulieren, dass sie den Ertrag des ersten Kapitels zusammenfassen könnte: Vernünftig ist ein Verhalten, das sich mit überzeugungskräftigen Argumenten rechtfertigen lässt. Interesse an einem solchen Verhalten hat nicht nur die Vernunftphilosophie, sondern jede Gesellschaft, besonders die moderne, insofern ihr Integrations- und Kooperationsbedarf tendenziell nur noch argumentativ zu befriedigen ist. In diesem Kapitel soll genauer geklärt werden, *wann* wir etwas rechtfertigen müssen, *worum* es beim Rechtfertigen eigentlich geht, *worauf* sich das Rechtfertigen bezieht und *warum* es so wichtig ist für soziale Verständigungsprozesse und für verständigungsabhängige Formen gesellschaftlicher Kooperation. Erkennbar wird hier die Frage, was Argumentation ist, zur Frage verschoben, wer bzw. wofür man Argumentation nötig hat.

Rechtfertigen können wir nur etwas, was in unserer Macht steht, für das wir verantwortlich sind.[34] Wer von uns eine Rechtfertigung erwartet, unterstellt, dass wir im betreffenden Fall verantwortlich waren und deshalb rechtfertigungspflichtig sind, was bedeutet, dass wir unser Verhalten als rechtfertigungsfähig nachweisen müssten. »Ver-antwortlich« meint pragmatisch, dass eine

Person auf die Frage nach der Rechtfertigungsfähigkeit ihres Verhaltens antworten können muss. Verantwortlich in diesem Sinne kann eigentlich jeder nur für sein eigenes Verhalten sein (bzw. für ein Verhalten, das er in seinem Vollzug beeinflussen kann), nicht für das Verhalten anderer. Ob freilich sein Verhalten tatsächlich verantwortlich war oder ist, das beurteilt nicht der Handelnde (allein); und dies gilt nicht nur privat, sondern auch öffentlich. Die anderen urteilen aber nicht nur über ein Verhalten, sie reagieren auch darauf, wenn sie es z.B. für nicht verantwortlich halten. In bestimmten gewichtigen Fällen werden entsprechende Sanktionen sogar institutionalisiert, etwa gerichtlich verhängt und durchgesetzt. Das Urteil des Täters über sein eigenes Tun ist dabei für die Einschätzung der Rechtfertigungsfähigkeit seines Tuns bekanntlich relativ unwichtig.

Das Gericht ist für unsere Überlegungen noch aus einem anderen Grund interessant: Wir kennen aus dem Strafprozess die so genannte »Schuldfrage«, die eine wichtige Rolle bei der Entscheidung spielt, ob eine »rechtswidrige« Tat einem Angeklagten als »Schuld« anzulasten ist oder ob »Schuldausschließungsgründe« wie »Unzurechnungsfähigkeit«, »Notstand«, »Strafunmündigkeit« u. dgl. wirksam werden. »Schuldfähig« ist ein hilfreiches Interpretament für den allgemeineren Begriff »verantwortungsfähig«, insofern er noch einmal verdeutlicht, wann die Frage nach der Rechtfertigungspflicht einer Tat überhaupt erst Sinn macht.

Ein Tun, das die Bedingungen der Rechtfertigungsfähigkeit erfüllt, nennen wir »Handeln« und unterscheiden es damit ebenso vom bloß reizstimulierten oder instinktgesteuerten »Verhalten« wie vom kausal determinierten »Ereignis«. Was Handeln sowohl vom Verhalten wie vom Ereignis prinzipiell unterscheidet und elementar zu seiner Sinnstruktur gehört, ist Folgendes: Handeln orientiert sich subjektiv an Motiven, was Handeln auch für andere sinnhaft verstehbar und gegebenenfalls auch von anderen nach seinem verstehbaren Sinn befragbar macht. Nur ein Handeln in diesem emphatischen Wortsinn ist rechtfertigungs- bzw. verantwortungspflichtig. Ein (z.B. triebgesteuertes) Verhalten hingegen entzieht sich der sinnhaften Verstehbarkeit seiner Motivstruktur, nicht aber seiner möglichen ursächlichen Erklärbarkeit (wie der Ausdruck »triebgesteuert« schon andeutet). Von »Ursachen« reden wir daher, wenn Geschehnisse sich nicht als motivational intendierte rekonstruieren lassen, sondern kausale Erklärungen nötig machen. Das originäre Feld für solche ursächlichen Erklärungen sind freilich – abgesehen von pathologischen Grenzfällen zwanghaften (!) Handelns (z.B. Sucht) – nicht menschliches Verhalten bzw. die soziale Welt, sondern Ereignisse in der objektiven Welt. Diese Ereignisse haben mit dem Verhalten gemeinsam, dass sie sinnfrei sind, genauer: dass wir ihnen keine Intentionalität attestieren, die sich aus Motivationsquellen speist. Bei sinnfreien Geschehnissen ist daher die Frage nach der Verantwortlichkeit nicht zu stellen.

Die Frage, ob sich ein Handeln verantworten lässt, kann sich der Handelnde zwar selbst stellen. Doch darüber, ob die Rechtfertigung seines Handelns gegebenenfalls gelingt, entscheiden in der Regel andere. Diese anderen können etwa Götter sein, insofern sie in den verschiedenen Mythen und Religionen den Menschen einer letztinstanzlichen Rechtfertigungspflicht unterwerfen (»Jüngstes Gericht«). Doch auch das irdische Gericht kennt unter bestimmten Bedingungen solche Rechtfertigungspflichten; ja es gibt sie gesellschaftlich eigentlich alltäglich, nämlich immer dann, wenn andere das Recht (oder die Macht) haben, Handelnde in die Rechtfertigungspflicht zu nehmen und nach der Rechtfertigungsfähigkeit ihres Handelns zu fragen. Ich nenne solche Fragen daher *Rechtfertigungsfragen*. Rechtfertigungsfragen lassen sich sprachlich u.a. als Warum-Frage realisieren, z.B.: »Warum hast Du Dich in der Konferenz so aufgeregt?« Die mögliche

Gegenfrage »War es etwa nicht richtig, was ich gesagt habe?« zeigt, wonach in einer Rechtfertigungsfrage genauer gefragt wird. Nach der Richtigkeit einer Handlung kann natürlich sinnvollerweise nur gefragt werden, wenn eine Handlung diesen Anspruch auf Richtigkeit notwendigerweise erheben muss, will sie als verantwortliche Handlung gelten. Dass wir diesen Richtigkeitsanspruch (H-RW) regelhaft unterstellen, dass er mithin zum genuinen Sinn von Handeln gehört, lässt sich daran überprüfen, dass es nur ganz eng umrissene Ausnahmen gibt, die es einer Person – analog zu den o.g. entschuldigenden Schuldausschließungsgründen – erlauben, einen Richtigkeitsanspruch für ihr Handeln zurückzuweisen (z.B. Handeln unter Zwang) und sich so von ihrer Rechtfertigungspflicht zu entbinden.

Obwohl Richtigkeitsansprüche, wie das obige Beispiel belegt, erst im Fall ihrer Rechtfertigungsbedürftigkeit sprachlich expliziert werden, verdanken sie dieser Explikation natürlich nicht ihre Genese; vielmehr thematisiert die Explikation nur, was konstitutiv zum Handeln (im emphatischen Wortsinn) gehört, eben sein normativer Anspruch auf Richtigkeit. Entsprechend gilt auch umgekehrt: Eine fehlende Explikation dieses normativen Anspruchs signalisiert fehlenden Rechtfertigungs- bzw. Problemdruck.

Es gibt natürlich nicht nur Richtigkeitsansprüche; nicht einmal mit Blick auf praktisches Handeln, wenn sie dafür auch besonders typisch sind. Die Warum-Frage macht nämlich nicht ausschließlich als Rechtfertigungsfrage Sinn. Sie kann durchaus auch als Informations-, Sach- oder Wissensfrage nach den Motiven für ein bestimmtes Handeln verstanden werden. Ich nenne solchermaßen epistemisch interessierte Warum-Fragen im Unterschied zu den bisher erwähnten rechtfertigungsinteressierten Warum-Fragen *Wissensfragen*. Eine als Wissensfrage verstandene Frage »Warum hast Du Dich in der Konferenz so aufgeregt?« ließe sich entsprechend auch folgendermaßen beantworten: »Ich wollte das Kollegium mal zu einer Stellungnahme drängen.« Diese Antwort rechtfertigt erkennbar nichts, sondern informiert den Fragenden über die Motive des Handelnden.

Eine solche als Wissensfrage fungierende Warum-Frage ist zwar – anders als an Handlungen – nicht *an* sinnfreie Geschehnisse wie Verhalten und Ereignisse zu richten; doch *über* solche sinnfreien Geschehnisse lässt sich mit Warum-Fragen durchaus sinnvoll reden, z.B.: »Warum sind weibliche Tiere meist so unscheinbar?« oder »Warum sind Stammzellen nur für kurze Zeit totipotent?« Dass wir auf diese Fragen keine Motive im bisherigen Wortsinn angeben können, meint natürlich nicht, dass jenem Verhalten kein Sinn zukäme; mit Aristoteles könnte man z.B. von einer Finalursache reden (causa finalis). Doch wie jede der drei anderen von Aristoteles unterschiedenen Ursachen[35] benennt die Finalursache eine Kausalitätsmodalität, sodass von »Sinn« in engerer Bedeutung nicht die Rede sein kann. Freilich kann es unter bestimmten Bedingungen auch wieder Sinn machen, der Welt schlechthin – etwa als Schöpfung Gottes – »Sinn« zu attestieren und entsprechend nach der Bedeutung der Welt als Selbstoffenbarung Gottes zu fragen. Man kann dann sogar nach der Rechtfertigungsfähigkeit von Ereignissen in der Welt oder der Welt überhaupt fragen. So macht z.B. der christliche Gott, sobald er Pestpfeile auf Menschen zu richten beginnt, sein Handeln rechtfertigungsbedürftig. Unter dem Titel »Theodizee« ist jahrhundertelang professionell versucht worden, diese Rechtfertigungsbedürftigkeit Gottes unter Kontrolle zu halten. Ob man freilich die Welt wie Hiob als (prinzipiell) verstehbares Sinngefüge »liest« oder ob man sie zum schieren Beobachtungsfeld depotenziert, das Rechtfertigungsprobleme erst gar nicht aufkommen lässt, ist zeit- und kulturabhängig. Sinn/Nicht-Sinn ist eben ein Binärcode, den der Mensch autonom benutzen kann;

der mögliche Sinn seiner Verwendung freilich ist mithilfe dieses Codes selbst ohne paradoxale Selbstbezüglichkeit nicht mehr klärungsfähig.

Typisch modern dürfte ein Verhältnis des Menschen zur objektiven Welt sein, das sich als Beobachtung beschreiben lässt, insofern es die Welt nicht nach rechtfertigungsfähigem Sinn befragt, sondern nach praktisch oder technisch nützlichem Wissen, das sich aus der Beobachtung natürlicher Prozessabläufe nährt. Sofern diese Beobachtung zu erklärungskräftigen, weil wirklichen Ursachen natürlicher Prozessabläufe führt, erhebt ein sich darauf stützendes Wissen den Anspruch, wahr zu sein. Nach genau solch wahrheitsfähigem Wissen fragen Wissensfragen.

Wissensfragen stellt man freilich nicht nur in Bezug auf sinnfreie Ereignisse wie in den obigen Beispielen; man kann sie auch, wie die Frage »Warum hast Du Dich in der Konferenz so aufgeregt?« belegt, in Bezug auf sinnhafte Ereignisse wie Handlungen stellen. Man erwartet dann aber als Antworten keine erklärungskräftigen Ursachen, sondern deutungskräftige Motive. Die Antwort »Ich wollte das Kollegium mal zu einer Stellungnahme drängen« hat deutlich gemacht, dass solche epistemischen Fragen ein völlig anderes Interesse an Handlungen haben als normative Fragen: Sie fragen nicht, ob die handlungsleitenden Motive richtig sind, sie fragen, welche Motive für das Handeln empirisch wirksam waren, um aus deren Kenntnis dieses Handeln sinnhaft verstehbar und deutbar zu machen. Motive, von denen wir behaupten, dass sie tatsächlich beim Handeln empirisch wirksam waren, nennen wir gemeinhin (analog zu wirklichen bzw. wahren Ursachen) »wirkliche« oder »wahre Motive« – im Unterschied etwa zu bloß vorgeschobenen Motiven der Handelnden. Beide Begriffe interpretieren sich wechselseitig: »Wirklich« nennen wir nämlich ein Motiv, wenn eine entsprechende Aussage über ein handlungsleitendes Motiv dessen tatsächliche empirische Wirksamkeit trifft und insofern »wahr« ist. »Wahr« ist also – ebenso wie »vernünftig« – keine mögliche Eigenschaft von Motiven oder Ursachen oder allgemein von Dingen, sondern eine exklusiv mögliche Eigenschaft von Aussagen, die, indem sie etwas über die Motive oder Ursachen bzw. über die soziale oder objektive Welt behaupten, notwendigerweise einen Wahrheitsanspruch für sich erheben müssen. Ob sie diesen Anspruch zu Recht erheben, entscheidet das Gelingen ihrer argumentativen Rechtfertigungsfähigkeit. (H-EA, 50 ff.; H-WR)

Angemerkt sei noch, dass Motive so wenig wie Ursachen wahr sein können, dass sie aber anders als Ursachen richtig sein können. »Richtig« meint in diesem Fall, dass für die normative Orientierung von Motiven ein entsprechender Anspruch erhoben und gegebenenfalls argumentativ verteidigt wird. Erkennbar ist es dieser Richtigkeitsanspruch von Motiven, den Handlungen erheben.

Ebenso wie über die normative Richtigkeit von Handlungsmotiven die Handelnden nicht allein entscheiden können, so auch nicht über die Wahrheit ihrer Motivangaben. Ob uns z.B. eine Aussage wie »Ich wollte das Kollegium zu einer Stellungnahme drängen« befriedigt, d.h.: ob wir für »wahr« halten, was sie auf die epistemische Warum-Frage nach den Handlungsmotiven angibt, das hängt von unserer Glaubwürdigkeitseinschätzung der sprechenden Person ab. Die aber ist wie der Wahrhaftigkeitsanspruch überhaupt argumentativ schlechterdings nicht einzulösen.[36] Doch dieses Defizit wiegt nicht allzu schwer; wir verlassen uns ohnehin bei Motivanalysen weniger auf selbstreferenzielle Aussagen von Personen als auf psychologisch oder ideologiekritisch gewonnenes Wissen über die »wirklichen« Handlungsmotive von Menschen und über das, was Menschen davon sanktionsfrei »verraten« dürfen. Dieses (analytische) Wissen ist nämlich weniger der Gefahr systematischer Verzerrung ausgesetzt, weil solche Verzerrung für die Wissenschaft – anders als für Subjekte – keinen Ertrag abwerfen würde.

Ähnlich wie die Psychotherapie für ihre Bedürfnisse hat die Institution Gericht eine Methode entwickelt, die das allgemeine Interesse an der Wahrheitsfähigkeit von Aussagen auch dann zu befriedigen vermag, wenn die Wahrhaftigkeit der aussagenden Person erst gar nicht unterstellt werden kann; ich meine den Indizienbeweis. Insofern jedes Urteil in seinem so genannten Rubrum regelhaft eine Urteilsbegründung verlangt, muss unterstellt werden, dass diese Urteilsbegründung sich auf epistemische Annahmen stützt, deren Wahrheitsfähigkeit so hoch eingeschätzt wird, dass sie durch anders lautende Aussagen (etwa des Angeklagten) nicht als ernsthaft erschütterbar gilt.

In der Regel dürften sich solche Annahmen nicht anders als nichtprofessionelle Annahmen auf ein lebenspraktisch bewährtes Wissen berufen, dessen theoretische Aufarbeitung in den einschlägigen Wissenschaften (etwa in psychologischer Motivforschung) geleistet wird. Was dieses Wissen von nichtwissenschaftlichem unterscheidet, ist der hohe Standard, der für seine argumentativen Rechtfertigungsbedingungen gilt. Deshalb wird solchem Wissen auch – disziplinspezifisch natürlich unterschiedlich – ein hoher Verlässlichkeitsgrad zugesprochen, was Wissenschaft wieder als Ressource für Autoritätsargumente so attraktiv und ausbeutbar macht.

Wichtig aber ist Wissenschaft noch aus einem anderen Grund: Mit ihr hat die moderne Gesellschaft ein Subsystem ausdifferenziert, das auf wahrheitsfähige Aussagen funktional spezialisiert ist und in dem Maße Reputation besitzt, wie eine Gesellschaft von der Verlässlichkeit wissenschaftlichen Wissens existenziell abhängt. Und sie hängt davon immer mehr ab, je mehr die Effizienz der Eingriffe in natürliche Prozessabläufe auf wissenschaftlicher Erkenntnis beruht und d.h.: je mehr »die Wirksamkeit einer Handlung in einer internen Beziehung zur Wahrheit der bedingten Prognosen steht« (H-TK I, 26). Habermas spezifiziert ein solches Handeln, das der Verlässlichkeit wahrheitsfähigen Wissens seine Effizienz verdankt, als »teleologisch«, wobei dieser Handlungstyp sowohl eine »instrumentelle« wie eine »strategische« Modalität zulässt, je nachdem, ob sich die Eingriffe auf die objektive oder soziale Welt beziehen. (H-TK I, 114 ff., 446 ff.) Letzteres wird unter dem Namen »Manipulation« gern beklagt und ist an der Innenarchitektur moderner Kaufhäuser leicht demonstrierbar.

Ähnlich wie die Wissenschaft sich auf Wahrheitsansprüche und deren methodische Überprüfbarkeit spezialisiert hat, so haben sich andere gesellschaftliche Subsysteme auf andere Ansprüche spezialisiert: das Rechtssystem auf die Rechtsansprüche (legal / illegal), die Moral auf normative Ansprüche (richtig/ falsch), die Kunst auf ästhetische (schön / hässlich) usw. Modern ist eine Gesellschaft im Sinne Luhmanns, insofern sie sich »funktional differenziert« hat, insofern sie also ihre Reproduktionsaufgaben über die Ausdifferenzierung weithin autonomer Subsysteme mit je eigenen Binärcodes und Rationalitätsstandards erbringt. (L-SS; L-ÖK, 202 ff.; L-BE, 119 ff.; L-GG, 743 ff.) Die Eigensinnigkeit der jeweiligen Ansprüche zeigt sich z.B. darin, dass Aussagen über die Motive eines Handelns als wahr gelten können, ohne damit zugleich die normative Richtigkeit der Handlungsmotive präjudizieren zu müssen. Sätze, in denen die Versöhnung sehr verschiedener Geltungsansprüche noch so problemlos gelingt, als sei die altehrwürdige Transzendentalienlehre noch gültig[37], gibt es zwar auch heute noch; doch Formulierungen wie »Dem Guten, Wahren und Schönen« finden sich eher in Stein gemeißelt an öffentlichen Repräsentationsbauten (wie der »Alten Oper« in Frankfurt), von wo sie wohltuend an Zeiten erinnern, die noch nichts von »funktionaler Differenzierung« wussten (oder zumindest in der Kunst nichts wissen wollten).

Ich möchte die verschiedenen Typen von Ansprüchen unter einem Begriff terminologisch zusammenfassen, der kenntlich macht, was ihre Gemeinsamkeit ausmacht und weshalb sie auch alle durch das gleiche Verfahren methodisch eingelöst werden, eben durch Argumentation. Die bisher beispielhaft zitierten Ansprüche verbindet nämlich miteinander, dass es Ansprüche sind, zu deren originärem Eigensinn die Behauptung gehört, rechtfertigungsfähige Ansprüche zu sein. (H-TK I, 26f.) Ansprüche, die eben das von sich behaupten können, nenne ich mit einem geläufigeren Begriff »Geltungsansprüche«. Die spezifischen Gründe, die solche Geltungsansprüche zu rechtfertigen versuchen, haben wir bereits als »Geltungsgründe« bzw. »Argumente« eingeführt. Wen der stark forensisch oder theologisch besetzte Begriff »rechtfertigen« stört, um das allgemein zu kennzeichnen, was Argumente leisten[38], und wem auch der mögliche Alternativbegriff »legitimieren« zu politologisch oder »begründen« zu unscharf klingt, der mag die folgende Funktionsbeschreibung wählen: Die originäre Funktion von Argumenten besteht darin, Geltungsansprüche auf Nachfrage möglichst überzeugend einzulösen. Vom Gelingen dieser argumentativen Einlösung hängt es dann ab, ob Geltungsansprüche weiterhin berechtigterweise erhoben werden dürfen.

»Auf Nachfrage« soll anzeigen: Geltungsansprüche werden in der Regel – zumindest außerhalb der Wissenschaft – erst dann explizit einzulösen versucht, wenn sie einlösungs- bzw. rechtfertigungsbedürftig werden. Wir haben das »Problemdruck« genannt. In ihrer sprachlichen Oberflächenstruktur sind die Ausdrücke, mit denen solche Ansprüche als rechtfertigungsbedürftig angemahnt werden, sehr vielfältig (z.B. fraglich, strittig, umstritten, kritisch, problematisch usw.). Ich nenne den Akt, durch den ein Geltungsanspruch rechtfertigungsbedürftig wird, »problematisieren«. Fragen, in denen solches Problematisieren erfolgt, haben wir »Rechtfertigungsfragen« genannt und von »Wissensfragen« unterschieden. Wir können solche Rechtfertigungsfragen jetzt auch »Geltungsfragen« nennen, weil sie nach der Rechtfertigungsfähigkeit problematisierter Geltungsansprüche fragen. Die präzise Unterscheidung zwischen den beiden Typen von Fragen (Wissens- bzw. Geltungsfragen) ist so wichtig, weil sie eine zentrale Folgeunterscheidung impliziert, nämlich die zwischen zwei korrelierenden Typen von Gründen (Geltungs- bzw. Realgründen).[39] Während Geltungsgründe bzw. Argumente auf Geltungsfragen in der Weise antworten, dass sie auf einschlägige Geltungsbeziehungen zwischen Aussagen verweisen, aufgrund deren problematisierte Geltungsansprüche einlösbar sein sollen, geben Realgründe Antwort auf Informationsfragen, indem sie empirische Beziehungen zwischen Ursachen und Wirkungen bzw. Motiven und Handlungen angeben. So wenig ursächliche Erklärungen oder motivationale Deutungen Argumente sein können, die Geltungsansprüche einzulösen vermögen, so wenig können Argumente Informationen enthalten, die irgendetwas in der Welt erklären oder sinnhaft deuten. Gleichwohl erheben natürlich Erklärungen und Deutungen ihrerseits Geltungsansprüche, insofern sie implizit deren Wahrheit immer schon »mitbehaupten«[40], was im Falle der Problematisierung dieses »Mitbehaupteten« dann erst argumentativ gesichert werden muss.

Diese oft unterschlagene und deshalb hier eingeklagte Differenz von Realgründen oder Existenz- und Beweggründen (Ursachen/Motiven) einerseits und Geltungsgründen bzw. Argumenten andererseits wird in der lateinischen Sprache, die zwischen »causa« und »ratio« zu unterscheiden vermag, deutlicher; die traditionelle Kennzeichnung der argumentativen Rechtfertigungsfunktion mit »rationem (und nicht: causam!) reddere« belegt es.

Die bisherigen terminologischen Präzisierungen seien abschließend wie folgt noch einmal zusammengefasst:

Geltungsansprüche sind also Ansprüche, die im Fall ihrer Problematisierung ihre Rechtfertigungsfähigkeit argumentativ einlösen müssen. Wir verbinden sie exklusiv mit Handlungen. Zu solchen Handlungen zählen nicht nur sprachliche Handlungen, die wie Behaupten, Bestreiten, Empfehlen, Auffordern usw. ihre Geltungsansprüche ganz explizit einklagen, sondern alle Sprechhandlungen. Dazu gehört sogar die Lüge, mag sie auch eine pervertierte Sprechhandlung sein; denn sie kann nur gelingen, wenn sie den Geltungsanspruch erfolgreich zu prätendieren vermag, den sie strategisch verletzt, nämlich Wahrhaftigkeit. Zu Handlungen mit implizit erhobenem Geltungsanspruch zählen aber nicht nur sprachliche Handlungen, sondern Handlungen schlechthin, insofern sie intentional motivierte Akte darstellen. Wenn es also zum Sinn von Handlungen gehört, Geltungsansprüche zu erheben, dann kann jedes Handeln gegebenenfalls hinsichtlich seiner Geltungsansprüche problematisiert werden. Handeln als eine auf Verständigung beruhende soziale Kooperation wäre unmöglich, wenn Gesellschaften nicht ein geregeltes Verfahren entwickelt hätten, das mit solchen Problematisierungen und den daraus entstehenden Problemen methodisch umzugehen verstünde. Zu solchen relevanten, weil das gesellschaftliche Zusammenleben substanziell betreffenden Problemen gehören nach dem bisher Gesagten natürlich die Geltungsprobleme. Das Verfahren, das den Umgang mit diesen Problemen methodisiert, heißt »Argumentation«. In seiner Kernstruktur verdichtet Argumentation die Erfahrungen mit einem bewährten Problemlösungsverfahren und stellt sie in Form eines jederzeit abrufbaren Musters bzw. Schemas[41] zur Verfügung. Das intuitive Wissen über dieses Problemlösungsmuster gehört entsprechend zur argumentationspraktischen Kompetenz. Bevor dieses Verfahren und seine Kernstruktur genauer erläutert werden, sei hier noch kurz bestimmt, was eigentlich geschieht, wenn Geltungsansprüche problematisiert werden.

Eine erste Antwort bietet sich an: Handlungen werden unterbrochen, wie sich an folgendem Beispiel zeigen lässt:

> A: »Erwin will schon morgen vorbeikommen!«
> B: »Tatsächlich? Der hat doch in München zu tun!«
> A: »Doch! Er hat eben angerufen.«
> B: »Und?«
> A: »Ist schneller fertig als erwartet.«
> B: »Na gut.«
> B: »Dann müssen wir eben umdisponieren.«

Erkennbar unterbricht in diesem Beispiel die Frage »Tatsächlich?« eine Sprechhandlung, indem sie ein (objektsprachliches und daher) informatives Reden über Erwin daran hindert, fortgesetzt zu werden, bevor nicht ein (metasprachliches) Reden über dieses informative Reden dessen »Tatsächlichkeit« bzw. Wahrheit festgestellt hat. Mit dieser Unterbrechung verliert das Reden automatisch seine informative Kraft, weil es zu einer Behauptung wird (»Doch!«) bzw. genauer: weil das Reden durch die Frage unmissverständlich auf seinen impliziten Behauptungscharakter verwiesen wird. Solange die Wahrheit der Behauptung nicht problematisiert wurde, konnte der Behauptungscharakter des Satzes »Erwin will schon morgen vorbeikommen!« unthematisch bleiben, doch sobald diese Wahrheit einmal fraglich geworden ist, wird exemplarisch deutlich, worauf das Gelingen des informativen Redens über Erwin eigentlich beruht: auf der Unterstellung seiner Wahrheit. Deren Problematisierung nötigt zum Unterbrechen des verständigungsorientierten Handelns, weil man nicht zugleich über etwas in der Welt informieren und über die Bedingungen reden kann, unter denen dieses Informieren »tatsächlich« über die Welt informiert. Fragen wie in diesem Beispiel nötigen also das Reden zum Wechsel seiner Referenz; statt auf Dinge in der Welt richtet es sich auf seine eigenen, redeimmanenten Geltungsansprüche.

Doch dieser Referenzwechsel zeigt an, dass die Frage »Tatsächlich?« nicht nur eine Sprechhandlung unterbricht, sondern auch fortsetzt, freilich auf einer anderen Ebene und mit anderen Mitteln: Das Reden wird reflexiv. Wenn man darin einen Gewinn (sowohl für Theorie wie für Praxis) sieht, könnte man von einem reflexiven Primat der Problematisierung sprechen und darin ein Korrelat zu Luhmanns Qualifikation des »funktionalen Primats der Negation« erkennen. (L-ÜF, 35 ff.) Durch das Reflexivwerden des Redens werden aus Dingen bzw. Personen, über die informiert wird, Sachverhalte, über deren Tatsächlichkeit bzw. Wahrheit gestritten wird. Ähnlich würde natürlich auch aus Handlungsempfehlungen (»Wir sollten mal h tun!«) im Fall ihres Reflexivwerdens (»Warum eigentlich?«) ein Reden über die mögliche Richtigkeit solcher Handlungsempfehlungen. Dass in beiden Fällen über Wahrheit bzw. Richtigkeit überhaupt gestritten werden kann, setzt voraus, dass in beiden Fällen immer schon Geltungsansprüche implizit erhoben bzw. mitbehauptet worden sind, die durch das Problematisieren nur reflexiv bewusst und explizit bestätigt werden. Diese Explikation ist dezidiert auf Sprache angewiesen. Sie erfolgt, unabhängig davon, ob es sich um epistemische oder normative Ansprüche handelt, immer in Form behauptender bzw. konstatierender Rede; denn die Explikation des Mitbehaupteten kann nur im Modus des Behauptens erfolgen. Im obigen Beispiel stand dafür das »Doch!« Mit ihm wurde eine Fortsetzung der Kommunikation bis zum »Na gut« eröffnet, die als reflexiv im erläuterten Sinne zu charakterisieren wäre, weil sie den mit der ersten Aussage von A bloß unterstellten und entsprechend nicht thematisierten Geltungsanspruch aufgrund seiner Problematisierung durch B explizit thematisiert und einzulösen versucht. Mit diesem Reflexivwerden der Kommunikation werden zugleich die geltungsabhängigen Gelingensbedingungen von Kommunikation überhaupt unmissverständlich verdeutlicht. Man könnte auch allgemeiner von den normativen Bedingungen möglicher Kommunikation sprechen.

Habermas nennt diese Form einer »reflexiv gewordenen Fortsetzung« der (verständigungsinteressierten) Kommunikation bzw. (so seine Terminologie) des »kommunikativen Handelns« im Fall seiner Problematisierung »Diskurs«.[42] Im »Diskurs« »wird nichts außer Argumente erzeugt«, weil es in »Diskursen« um nichts außer um Geltungsansprüche bzw. um deren argumentative Sicherung geht. In diesem Sinne sind Diskurse »handlungsentlastet und erfahrungsfrei« (H-EI, 386). Gelingt diese Sicherung wie hier im Beispiel durch das »Na gut«, dann gleitet der Diskurs fast unbemerkt wieder in »kommunikatives Handeln« über wie mit der Äußerung »Dann müssen wir eben umdisponieren« von B. Das Interesse an der Geltung des Gesagten verlagert sich erneut auf seinen informativen Gehalt und dessen Folgen für die eigene Handlungsplanung.

Habermas behauptet nun, dass in jedem »kommunikativen Handeln« nicht nur ein Wahrheitsanspruch erhoben bzw. implizit vorausgesetzt werden muss, sondern dass ein ganzes System von Geltungsansprüchen wirksam wird, das sich aus der Struktur »kommunikativen Handelns« selbst ergibt und deshalb ein System universaler Geltungsansprüche darstellt. Insofern nämlich mit »kommunikativem Handeln« eine Verständigungshandlung zwischen mindestens zwei Subjekten über etwas in der Welt im Medium Sprache gemeint sei, müsse sein performativer Vollzug genau vier implizite Geltungsansprüche erheben und notfalls explizit einzulösen versuchen: einen Verständlichkeits-, Wahrheits-, Richtigkeits- und Wahrhaftigkeitsanspruch. Von diesen vier universalen Geltungsansprüchen nennt Habermas allein den Wahrheits- und den Richtigkeitsanspruch »diskursiv«, weil sie allein innerdiskursiv durch Argumente einlösbar sind.

Ohne das anspruchsvolle Projekt einer so genannten Universalpragmatik hier weiter vertiefen zu können (H-UP), sei nur noch einmal seine Pointe benannt. Aus universalpragmatischer Sicht ist »kommunikatives Handeln« ein Handeln, das auf einer normativen *Geltungsbasis* gleichsam aufsitzt, die bei Bedarf *diskursiv explizierbar* und *argumentativ einlösbar* sein muss und als solche auf die *normative Infrastruktur* von Verständigungsprozessen verweist.

Was »Diskurse« leisten, ist mithin zusammengefasst dies: Sie sichern die Geltungsbasis kommunikativen Handelns und damit die Verständigungschancen in der Gesellschaft; und wenn Kooperation heute tendenziell nur noch verständigungsabhängig funktioniert, weil sowohl die Verlässlichkeit handlungsbezogenen Wissens wie die Verbindlichkeit handlungsleitender Normen auf Verständigung zwischen Freien und Gleichen beruhen, dann lässt sich auch sagen: »Diskurse« sichern den Kooperationsbedarf von Gesellschaften unter sozioevolutionären Bedingungen, die für moderne Gesellschaften allgemein typisch sein dürften. Diese können nämlich ihren Kooperationsbedarf weder aus weltbildgestützten (prädiskursiven) Sinnressourcen befriedigen, noch können sie diesen Mangel durch (adiskursive) Sanktionsmittel (wie Gewalt, Befehl etc.) kompensieren. So gesehen sind »Diskurse« so überlebensnotwendig für moderne Gesellschaften wie Kommunikation überhaupt, und die thematische Frage dieses Kapitels, warum man eigentlich argumentiert, hätte ihre Antwort gefunden.

Habermas' »Diskurstheorie« als Teiltheorie einer Theorie kommunikativen Handelns ist erkennbar ein attraktiver Rahmen für die Selbstexplikation einer Argumentationstheorie, die nicht mit argumentativer Sozialtechnologie verwechselt werden möchte, sondern Anschluss an Theorien sucht, die auf heutigem Reflexionsniveau Argumentation als Verfahren verständigungsabhängiger Kooperation zu rekonstruieren helfen.

3. Zum Verfahren der Argumentation: Wie argumentiert man?

Wir haben im ersten Kapitel zwischen Theorie und Praxis der Argumentation unterschieden und Argumentationstheorie gleichsam als ein metaargumentatives Reden über Argumentation bestimmt. Es gibt freilich nicht nur die metaargumentative Form des Redens über Argumentation, sondern noch eine ganz andere. Wir beherrschen sie alle, wenn wir z.B. auf Argumentationen Bezug nehmen bzw. sie bewerten. Und das geschieht sowohl inner- wie außerdiskursiv; außerdiskursiv z.B. in so genannten Argumentationserwähnungen, wenn etwa in der Presse berichtet wird, mit welchen Gründen die Grünen für einen raschen Ausstieg aus der Kernenergie werben.

Solche Argumentationserwähnung bedient sich zwar keiner Fachterminologie und sie unterscheidet natürlich auch nicht streng zwischen den verschiedenen Typen von Gründen (Ursachen/Motiven/Argumenten) und deren eigensinnigen Qualitäten (wirksam/richtig/überzeugend); dennoch ist diese Beschreibungssprache nicht völlig undifferenziert. Im Gegenteil! Ihr steht eine Vielzahl von Ausdrücken zur Verfügung, um die jeweiligen Argumente sowohl funktional zu beschreiben wie qualitativ zu differenzieren. In dieser Beschreibung von Argumentationen bringt sich ein pragmatisches Wissen über Argumentationen zur Geltung. Zwar wird dieses vortheoretische Wissen erst durch seine theoretische Rekonstruktion reflexiv, doch ohne seine Unterstellung wäre weder eine Argumentationspraxis noch eine an sie anschließende Argumentationstheorie möglich.

In diesem Kapitel geht es um die theoretische Präzisierung der spezifischen Qualität von Argumenten: wie wir sie beschreiben, wie das Verfahren aussieht, in dem sich diese spezifische Qualität von Argumenten bewähren muss, wie sich dieses Verfahren terminologisch präzisieren lässt und welche Voraussetzungen schließlich erfüllt sein müssen, damit Argumente ihre spezifische Qualität erreichen können.

Geltungsgründe bzw. Argumente werden stark, einleuchtend, plausibel, evident, schlagend, bestechend, stichhaltig, triftig, zwingend, schlüssig, überzeugend, gut usw. genannt (inklusive gradueller Modifizierung solcher Qualifikationen und deren Negate). Gemäß unserem Terminologisierungsvorschlag soll die spezifische Güte von Argumenten ihre »Überzeugungskraft« heißen. »Überzeugungskräftig« nennen wir die spezifische Eigenschaft von Geltungsgründen, insofern sie rational dazu bewegen können, den (problematisierten) Geltungsanspruch einer Aussage anzuerkennen. (H-MO, 100; H-FG, 42, 53 ff., 394)[43] Das können weder Motive noch Ursachen, obwohl auch sie etwas bewegen, zwar nicht rational, aber doch empirisch, nämlich Ereignisse bzw. Handlungssubjekte. So wenig aber etwas *aus* Argumenten geschieht oder jemand *aus* Argumenten handelt, ebenso wenig können Ursachen oder Motive überzeugungskräftig sein; allenfalls sind sie stark, mächtig, wirksam, vielschichtig usw. bzw. – was das Wissen über sie angeht – sind Ursachen oder Motive geklärt, eindeutig, einfach, bekannt usw. bzw. – was das Reden über sie angeht – werden Ursachen oder Motive verheimlicht, verdrängt usw. oder gelten als erhaben, niedrig usw.

Nicht nur die deutsche Sprache nötigt freilich zur semantischen Differenzierung zwischen »überzeugen« und »überreden«.[44] Weil diese Differenzierung zugleich eine wertende ist, ist eine Qualifikation von Argumenten als »überredend« stets eine abwertende Bezugnahme auf gegenparteiliche Geltungsgründe. Jeder, der argumentiert, muss für seine eigenen Argumente Überzeugungskraft beanspruchen, weil dieser Anspruch zum originären Sinn argumentativen Redens gehört. Argumentieren heißt zugleich auch immer, den Anspruch zu erheben, die vorgebrachten Argumente müssten andere rational davon überzeugen können, dass ein Geltungsanspruch rechtens bzw. legitimerweise erhoben worden ist. Wenn wir von »überreden« sprechen, dann bestreiten wir nicht diesen Selbstanspruch jeden Argumentierens, wohl aber bestreiten wir, dass er ernsthaft gilt; wir behaupten, dieser Selbstanspruch sei nur prätendiert, um eigene Interessen durchsetzbar zu machen (etwa in der Werbung). Wem vorgeworfen wird, bloß überreden zu wollen, dem wird mithin vorgeworfen, den Sinn des Argumentierens zu pervertieren, nämlich an Verständigung »ernsthaft« gar nicht interessiert zu sein. Deshalb wiegt dieser Vorwurf auch so schwer und wird in der Regel umgehend zurückgewiesen. Ist er rational widerlegbar?

Wenn gilt, was im zweiten Kapitel über die methodisch unmögliche Einlösung des Wahrhaftigkeitsanspruchs gesagt ist, dann muss die Frage verneint werden. Man kann die Ernsthaftigkeit eines Interesses an argumentativ gestützter Verständigung methodisch in der Tat nicht einlösen, allenfalls indirekt, durch die langfristig beobachtbaren Konsequenzen der argumentativ vertretenen Überzeugungen. Sie konturieren das, was rhetoriktheoretisch die »Glaubwürdigkeit« (ethos) einer Person heißt und nachweislich bis heute als eine der stärksten Überzeugungsressourcen gilt.

Wie aber verfahren wir eigentlich, wenn wir jemanden argumentativ überzeugen wollen? Wir wissen natürlich, was wir tun, wenn wir argumentieren: Wir antworten auf Geltungsfragen. Und wir können in der Regel auch beschreibungssprachlich korrekt angeben, was wir tun, wenn wir auf Geltungsfragen antworten. Ungeachtet der konkreten Vielfalt möglicher Argumentationsbeschreibungen reformulieren sie doch alle ein relativ leicht identifizierbares Prinzip, um dessen Präzisierung es im Folgenden gehen soll. Zunächst drei einschlägige Beispiele:

1. »Die Hamburger Justizbehörde hält ›Gesundheitsräume‹ [...] dann für rechtlich zulässig, wenn in solchen Einrichtungen die medizinische und soziale Betreuung der Abhängigen im Vordergrund steht. Dreh- und Angelpunkt der Hamburger Argumentation ist der Umstand, dass zwar der Besitz, nicht aber der Konsum von Drogen strafbar ist.«[45]

2. »Einige Bedenken der Union gegen die doppelte Staatsbürgerschaft nannte der Konstanzer Rechtsprofessor ›hahnebüchen‹ [...]. Die Befürchtung, es komme zu Pflichtenkollision und Loyalitätskonflikten, hält er für widerlegt: ›wir haben viele Doppelstaatsbürger ohne solche Probleme‹.«[46]

3. »Walter Riester will prüfen, ob Rentenerhöhungen weiterhin an die Entwicklung der Nettolöhne gekoppelt bleiben sollen. Sein Argument: Durch die Steuerreform für Familien und die vom Verfassungsgericht geforderten Verbesserungen für Familien steigen die Nettobezüge und im Nachgang auch die Renten deutlich.«[47]

Wenn wir diese drei beispielhaften Argumentationserwähnungen für unsere argumentationstheoretischen Interessen reformulieren, dann lässt sich aus ihnen das gesuchte allgemeine Grundprinzip der Argumentation unschwer rekonstruieren: Ein Vorhaben wird rechtens (1), ein Bedenken unberechtigt (2) und eine Regelung änderungsbedürftig (3) genannt, *weil* das Vorhaben mit geltenden Gesetzen übereinstimme (1), *weil* die Bedenken empirisch längst widerlegt seien (2) bzw. *weil* die bisherige Regelung zu nicht gewollten Folgen geführt habe (3). Das jeweils wirksame Prinzip ist, ungeachtet der materialen Verschiedenheit der Probleme und ihrer argumentativen Bewältigung, in seiner identischen Struktur eindeutig erkennbar: Beim Argumentieren für oder gegen den Geltungsanspruch einer Aussage beziehen wir uns auf eine andere Aussage, von der wir behaupten, dass sie in der Lage sei, uns rational zu Anerkennung bzw. Bestreitung der betreffenden Aussage zu bewegen. Aussagenlogisch verkürzt und formalisiert lautet das argumentative Grundprinzip mithin: p (gilt), weil q (gilt).

Dieses Prinzip ist frühzeitig theoretisch formuliert worden; in dem bereits genannten Argumentationstraktat Quintilians wird es in prägnanter Kürze zitiert.[48] Dieses argumentative Grundprinzip ist genauerhin ein Prinzip mittelbarer Geltungssicherung; »mittelbar« deshalb, weil es den Geltungsanspruch einer Aussage im Fall seiner Problematisierung mithilfe eines anderen Geltungsanspruchs abzustützen versucht. Das kann natürlich nur funktionieren, wenn jeweils Aussagen als gültig unterstellt werden können, auf die man sich beziehen, an die man anknüpfen oder auf die man einen Geltungsanspruch zurückführen kann. Insofern ließe sich das argumentative Grundprinzip ebenso als Referenz- wie als Anknüpfungs- oder Reduktionsprinzip charakterisieren, und die Argumentationstheorie als Theorie dieses Prinzips ließe sich funktional auf die Methodisierung dieses Prinzips festlegen.

Damit ist aber zugleich auch ein strukturimmanentes Problem dieses Prinzips benannt, das zu seiner Diskreditierung etwa im kritischen Rationalismus geführt hat. Wenn nämlich argumentative Geltungssicherung methodisch nur durch Bezugnahme auf gültige Aussagen gelingt, dann impliziert dieses Prinzip eine fatale Konsequenz; es führt in einen infiniten Regress, d.h. in eine prinzipiell nicht zu bremsende Dynamik von bloßen Geltungsverschiebungen[49]: p (gilt), weil q (gilt), weil r (gilt), weil s (gilt) ... Solche Geltungsverschiebungen müssten den rationalen Charakter argumentativer Geltungssicherung in dem Maße dementieren, in dem sie dessen methodologische Unmöglichkeit bloßstellen würden. Außerdem würde jeder Versuch, dieser Regressfatalität zu entgehen, nur in andere Fatalitäten, z.B. zum willkürlichen Begründungsabbruch oder zum Begründungszirkel, führen.

Hans Albert hat seinerzeit genüsslich die »trilemmatischen« Konsequenzen des Begründungsprinzips ausgemalt und für seine Verabschiedung plädiert.[50] Sie wäre in der Tat anzuraten, wenn das Begründungs- bzw. Argumentationsprinzip notwendig in das albertsche Trilemma führen müsste. Dies tut es aber nur, wenn man das Argumentationsprinzip kontraintuitiv als Deduktionsprinzip missversteht. Ich werde im vierten Kapitel ein Verständnis von Argumentation skizzieren, das vor solchen Missverständnissen schützen kann.

Größer ist freilich die Gefahr, das Argumentationsprinzip mit Prinzipien ganz anderer Art zu verwechseln, etwa mit dem Prinzip der ursächlichen Erklärung oder der sinnhaften, motivationalen Deutung. Eine Verwechslungsgefahr gibt es besonders deshalb, weil alle diese Prinzipien sich der Konjunktion »weil« zu bedienen pflegen. Erklärende und deutende Realgründe werden in der Regel ebenso wie Geltungsgründe mit »weil« eingeleitet. Diese Konjunktion teilt die Vielfalt ihrer kontextuellen Bedeutungen mit den Warum-Fragen; was nicht verwundert, da es ja Warum-Fragen sind, auf die Weil-Antworten reagieren. Ebenso wie die Warum-Fragen sowohl Wissens- wie Geltungsfragen einleiten, können Weil-Antworten sowohl Fragen nach Realgründen (Ursachen/Motiven) wie Fragen nach Geltungsgründen beantworten. Wir interessieren uns hier nur für die Konjunktion »weil«, insofern sie Geltungsfragen beantwortet, sodass wir das erste Beispiel in standardisierter Gestalt folgendermaßen zu reformulieren versuchen: »Gesundheitsräume sind rechtens, *weil* sie der medizinischen und sozialen Betreuung von Abhängigen dienen und insofern dem BTM-Gesetz nicht widersprechen können.«

Die für Argumentationen so typische Weil-Konjunktion verknüpft erkennbar den (problematisierten) Geltungsanspruch von p mit dem (als unstrittig unterstellten) Geltungsanspruch von q: p gilt, weil q gilt. Nach dieser Formel gilt p in Abhängigkeit von q; doch diese Geltungsabhängigkeit kann nur behauptet werden, wenn es eine einleuchtende Geltungsbeziehung zwischen p und q gibt. Deren Klärung und Plausibilisierung erhalten damit für die argumentative Sicherung von p größtes Gewicht.

Die gemeinte Geltungsbeziehung muss von anderen, nichtargumentativen Geltungsbeziehungen unterschieden werden, weil sie nämlich »intensionaler« und nicht bloß »extensionaler« Natur ist. Anders als logische Operatoren, z.B. wenn/dann, entweder/oder, verknüpft der argumentative Operator »weil« nicht bloß Wahrheitswerte von Aussagen, sondern inhaltlich bestimmte Aussagen. Dadurch macht sich die jeweils behauptete Geltungsbeziehung von ihrer inhaltlich-materialen Anerkennung durch die jeweiligen Argumentationspartner abhängig und unterliegt nicht nur der Wahrheitsmatrix aussagenlogischer Verbindungen. Diese Anerkennung ist im Fall des reformulierten Beispiels relativ unproblematisch, weil man schwerlich über die Rechtmäßigkeit von Gesundheitsräumen argumentieren kann, ohne auf die entsprechenden rechtlichen Bestimmungen des BTM-Gesetzes Bezug zu nehmen.

Man kann die argumentativ jeweils unterstellte und methodisch genutzte intensionale Aussagenbeziehung zwischen p und q für analytische Interessen natürlich auch explizieren. So könnte B im Beispiel aus dem zweiten Kapitel auf die Äußerung von A: »Doch! (Erwin kommt) Er hat eben angerufen« auch wie folgt reagieren: »Der hat schon oft etwas versprochen.« Mit dieser Aussage würde B die von A unterstellte Geltungsbeziehung zwischen p (Erwin kommt) und q (Erwin hat angerufen) aufgrund seiner konkreten Erfahrungen mit Erwin bestreiten. Darauf könnte A seinerseits insistieren: »Das stimmt nicht! Erwin hat immer sein Wort gehalten.«

Bs Hinweis auf seine einschlägigen Erfahrungen mit Erwins Verlässlichkeit könnte A entweder zu Ausnahmeerfahrungen relativieren oder durch Gegenbeispiele schlicht zu entkräften versuchen: »Denk doch mal an ...!«

Erkennbar erfasst die argumentative Grundformel »p gilt, weil q gilt« nur die Elementarstruktur argumentativer Geltungssicherung, ohne die komplexen Bedingungen ahnen zu lassen, die q erfüllen muss, um die Rolle eines überzeugungskräftigen Arguments für den problematisierten Geltungsanspruch von p zu übernehmen. Diese Bedingungen sind pragmatisch aber dennoch nicht unbekannt, wie jeder Streit über ihre Einlösung bzw. Einlösbarkeit belegen kann. Darum sind ja für argumentationstheoretische Interessen gerade Geltungsprobleme und deren Bewältigungsversuche so instruktiv; sie explizieren das intuitive Wissen der Argumentierenden über das Argumentieren. Bevor ich diese komplexen Bedingungen an einem Fallbeispiel zu systematisieren versuche, sei hier noch kurz der eben zitierte Rollenbegriff etwas genauer konturiert. Toulmin unterscheidet »Rolle« einmal innerargumentativ nach den spezifischen Aufgaben, die eine Aussage q als Argument für p spielt; wir werden darauf bei der Nutzung des bekannten toulminschen Schemas für das Modell einer methodischen Argumentationsanalyse noch zurückkommen. Ebenso wichtig wie diese rolleninterne Differenzierung ist für eine Konturierung des Rollenbegriffs die Unterscheidung zwischen »Rolle« und »Kriterium«. Während Rollen die jeweiligen argumentativen Funktionen von Aussagen benennen, verweisen Kriterien auf die jeweiligen Maßstäbe, denen Aussagen in ihren argumentativen Rollen gerecht werden müssen, wenn sie überzeugen wollen. Die Kriterien wechseln je nach Problemlage (rechtliche, sozialpolitische usw.), die Rolle der argumentativ funktionalisierten Aussagen bleibt hingegen immer gleich. Sie soll den problematisierten Geltungsanspruch einer Aussage überzeugungskräftig stützen.

Der toulminsche Rollenbegriff ist geeignet, noch einige weitere allgemeine Klärungen von Argumenten zusammenfassend aufzulisten:

- »Argument« muss strikt als *Funktionskategorie* definiert werden, nämlich als Sammelname für die verschiedenen Rollen, die eine Aussage *als* Argument für eine andere Aussage spielen kann, um deren Geltungsanspruch methodisch einzulösen. Wann eine Aussage diese Funktion erfolgreich bzw. überzeugend erfüllen kann, ist noch zu erläutern.
- »Argument« im Sinne eines Funktionsträgers kann es selbstredend nur *in Argumentationen* geben. »Argumentieren« ist keine mit Behaupten, Fragen, Bestreiten etc. vergleichbare Sprechhandlung, sondern meint eine strikt argumentationsabhängige Funktion, die alle Sprechhandlungen unter bestimmten Bedingungen übernehmen können. Insofern kann es weder argumentative noch gar »konklusive Sprechhandlungen«[51] geben, es gibt nur Sprechhandlungen, die jeweils argumentative bzw. konklusive Funktionen kontextuell übernehmen.

Damit ist implizit bereits auch der Begriff »Argumentation« definiert: Unter »Argumentation« soll eine geregelte Abfolge (Sequenz) von Sprechhandlungen verstanden werden, die zusammen ein mehr oder weniger komplexes, kohärentes und intensionales Beziehungsnetz zwischen Aussagen bilden, das der methodischen Einlösung von problematisierten Geltungsansprüchen dient. Dieses Beziehungsnetz lässt sich mit den bereits eingeführten Begriffen als »Muster« bzw. »Schema« kennzeichnen, das die entkontextualisierte, ideale, abstrakte (Tiefen-) Struktur des Problemlösungsmusters »Argumentation« abbildet. In diesem Problemlösungsmuster – so war gesagt – verdichten sich die Erfahrungen mit einer verfahrensmäßigen Bewältigung von Problemen, die gesellschaftlich ebenso relevant sind, wie sie zu den Standardproblemen jeder Gesellschaft gehören, eben: Geltungsprobleme.

– Argumentation im Sinne eines bewährten Problemlösungsmusters ist eine soziokulturelle Errungenschaft von größter Bedeutung, weil sie einen Mechanismus gewaltfreier Kooperation bzw. hocheffizienter Handlungskoordination bereitstellt. Entsprechend ihrem sozioevolutionären Charakter ist Argumentation – ähnlich wie andere komplexe sprachliche Verfahren, etwa Narration – sowohl onto- wie phylogenetisch ein Spätprodukt, dessen individuelle und gesellschaftliche Implementation vielschichtige Voraussetzungen impliziert.

– Argumentation ist ein Verfahrensmuster rationaler Geltungssicherung, das erkennbar *rekursiv* anwendbar ist, was den möglichen Komplexitätsgrad von Argumentationen erklärt; denn jede von A als gültig unterstellte und entsprechend argumentativ funktionalisierte Aussage kann von B problematisiert werden und einen eigenen Argumentationsstrang innerhalb der Argumentation nötig machen. Die Grenzen solcher theoretisch infiniten Subdifferenzierung von Argumentationen sind pragmatischer Natur (Zeit- und Handlungsdruck usw.). Zumindest außerhalb akademischer und entsprechend handlungsentlasteter Reflexionsenklaven dürfte diese Pragmatik vor der Gefahr des infiniten Regresses wirksam schützen.

Die spezifische Güte von Argumenten hatten wir als deren Überzeugungskraft bestimmt. Sie bewährt sich darin, dass Aussagen ihre jeweilige Rolle als Argument innerhalb eines argumentativen Beziehungsnetzes erfolgreich zu spielen vermögen. Insofern könnte man Argumentationstheorie auch als Theorie überzeugungskräftiger Argumente definieren. Welche Bedingungen im Einzelnen erfüllt sein müssen, damit Argumente als überzeugungskräftig gelten, das soll nun systematisch erläutert werden. Ich wähle dazu ein Beispiel aus der Diskussion über so genannte Kopfnoten in Schulzeugnissen.

Auf entsprechende Pläne Sachsens zur Einführung solcher Noten reagierte die Schulexpertin im GEW-Vorstand wie folgt: »Es gibt keine systematischen Curricula zum Erwerb solcher Kompetenzen [...]. Aus meiner Sicht verträgt es sich mit dem Charakter der Institution Schule nicht, etwas zu zensieren, was bislang weitgehend im Elternhaus erworben oder eben nicht erworben wird.«[52]

Für unser Frageinteresse lässt sich dieser Einwand wie folgt reformulieren: »Kopfnoten sind abzulehnen (= p), weil sie zensieren, was in der Schule gar nicht gelernt wird (= q).« Dieser Einwand behauptet, was jedes Argument notwendigerweise behaupten muss, nämlich dass p gilt, weil q gilt. Genauerhin behauptet dieser argumentative Einwand sogar dreierlei; doch dazu gleich. Hier sei noch kurz der notwendige Behauptungscharakter von Argumenten begründet.

Eigentlich enthält eine Argumentation nur Behauptungen, zwar nicht in ihrer sprachlichen Oberflächen-, wohl aber in ihrer Tiefenstruktur. Und das ist durchaus plausibel, wenn denn Argumentationen auf Geltungsfragen antworten. Solche Antworten müssen Behauptungen sein. Sie behaupten freilich nichts über Sachverhalte in der Welt, wohl jedoch über die bei diesem Reden implizit erhobenen Geltungsansprüche. Sie behaupten nämlich, dass diese Ansprüche legitimerweise erhoben werden und dass es für diesen Legitimitätsanspruch gute Gründe gibt, die auf einsichtigen Geltungsbeziehungen beruhen. Dass der sprechhandlungsspezifische Charakter von Aussagen, solange sie die Rolle von Argumenten spielen, nicht aufgegeben wird, sondern nur stillgestellt ist, erkennt man leicht daran, dass Argumente jederzeit nach ihren sprechhandlungsspezifischen Geltungsansprüchen befragt werden können. Freilich verlieren sie dann automatisch ihre Rolle als Argumente, insofern sie selbst zu argumentativ stützbedürftigen Geltungsansprüchen werden. Als Argumente können mithin Aussagen nur so lange fungieren, wie ihr Sprechhandlungscharakter zugunsten ihrer argumentativen Rollenfunktion unthematisch bleiben darf. Entsprechend können auch weder Wahrheit noch Richtigkeit argumentationstypische Qualitätsmerkmale sein, sondern nur die Überzeugungskraft der methodischen Stützung von Ansprüchen auf Wahrheit, Richtigkeit usw.

Zurück zu unserem Fallbeispiel der Kopfnoten und zur Frage, unter welchen Bedingungen q eine Chance hat, zu einem überzeugungskräftigen Argument für p zu werden. Dies sind mindestens fünf Bedingungen:

1. Zunächst muss q *gültig* sein: Der sprechhandlungsspezifische Geltungsanspruch von q darf nicht selbst strittig sein. Das wäre mit Blick auf dieses Beispiel etwa der Fall, wenn es Schulen gäbe, in denen die in den Kopfnoten bewerteten Kompetenzen tatsächlich curricular gelernt werden könnten. Gegen die Gültigkeit (Wahrheit) von q dürfte derzeitig so lange wenig einzuwenden sein, als man sich nicht auf die Unterscheidung zwischen implizitem und explizitem Lehrplan einlassen will. Weit wichtiger als diese geradezu triviale Bedingung ist eine andere:

2. Außerdem muss q *geeignet* sein, als Argument p zu rechtfertigen. Das heißt, es muss eine zustimmungsfähige Geltungsbeziehung zwischen p und q geben. Wichtiger ist diese Bedingung, weil erst aufgrund einer anerkannten Geltungsbeziehung zwischen p und q ein Interesse an der Gültigkeit von q entstehen kann. Eigentlich geht es beim Argumentieren in methodologischer Hinsicht immer nur um diese Geltungsbeziehung bzw. – gegebenenfalls – um den Versuch, eine behauptete Geltungsbeziehung so zu plausibilisieren und einleuchtend zu ma-

chen, dass sie zustimmungsfähig wird und entsprechend für die Argumentation produktiv im Sinne rationaler Geltungssicherung genutzt werden kann. Diese Geltungsbeziehung lässt sich in Form einer generellen Aussage explizieren, die einen allgemein anerkannten Grundsatz zum Ausdruck bringen müsste. Im vorliegenden Fall ließe sich dieser Grundsatz wie folgt beispielhaft explizieren: »Die Schule darf keine Kompetenzen zensieren, die in der Schule nicht erworben werden können.« Erkennbar bezieht sich die argumentativ behauptete Geltungsbeziehung zwischen p und q genau auf die in diesem Grundsatz formulierte schultheoretische Überzeugung. Operativ fungiert diese allgemeine Überzeugung gleichsam wie eine Regel (R), die es erlaubt, sich bei der Stützung von p auf q zu berufen. Damit wird unter operativen Aspekten deutlich, dass q nur deshalb als Argument für p fungieren kann, weil es eine Regel gibt, auf die sich die behauptete Geltungsbeziehung zwischen p und q berufen kann.[53] Entsprechend muss die bisherige argumentative Grundformel wie folgt interpretativ ergänzt werden: p gilt, weil q gilt (aufgrund von R).

Die in dieser Regel operativ beanspruchte schultheoretische Überzeugung dürfte im Vergleich zur Wahrheit von q schon weit anfälliger für Widerspruch sein, weil ohnehin nicht zu widerlegen ist, dass in die schulische Bewertung von Leistungen viele Faktoren (wie Geschlecht, soziale Herkunft, Körperästhetik, Intelligenz etc.) eingehen, die in der Schule curricular weder erworben noch überhaupt beeinflusst werden können.

Angemerkt sei noch einmal, dass solche argumentativ funktionalisierten allgemeinen Überzeugungen in der Regel selten expliziert werden. Meist wird auf sie nur implizit Bezug genommen, so im folgenden Beispiel: »Es ist nicht richtig, wenn Frauen für gleiche Arbeit weniger Lohn bekommen als Männer oder wenn Bundeswehrsoldaten aus dem Osten für den gleichen Dienst im Kosovo weniger Sold bekommen als Soldaten aus den westlichen Ländern.« Für jeden Argumentationsteilnehmer ist der implizite Bezug auf das Gleichheitsprinzip so evident und dessen unterstellbare Gültigkeit so suggestiv, dass nicht eigens expliziert werden muss, was nach diesem Prinzip als unrecht gilt, nämlich: Gleiches ungleich zu behandeln.

3. Darüber hinaus muss q *relevant* sein. Das bedeutet, dass der gewählte Problemzugang kategorial als problemadäquat bzw. -angemessen gelten muss. Im betreffenden Fallbeispiel wäre diese Bedingung etwa in der folgenden Form bestreitbar: »Das ist doch kein Argument!«[54] Damit würde der erkennbar gerechtigkeitsorientierte Einwand in diesem Beispiel als irrelevant abgelehnt und stattdessen für ein ganz anderes (etwa neoliberales) Schulverständnis plädiert, das Schule nicht zur sozialen Kompensationsinstitution machen will, sondern als Dienstleistungsinstitution versteht, die entsprechend den jeweiligen gesellschaftlichen Bedarf an Schlüsselqualifikationen zu befriedigen hat. Je nach dem zugrunde liegenden Problemverständnis ändert sich natürlich das, was ich im Anschluss an Toulmin »Kriterien« genannt habe; mit dem Wechsel der Problemperspektiven ändern sich die Maßstäbe für die mögliche Überzeugungskraft argumentativer Problemlösungsversuche.

Entsprechend kann die Regel R auch nur als mögliches Argument innerhalb eines Problemverständnisses berücksichtigt werden, in dem rechtliche Argumente als relevante Argumente zählen und in dem rechtliche Standards für die Beurteilung und Bewertung der argumentativen Überzeugungskraft den Maßstab bilden. Deshalb gilt: Eine Aussage q ist für den Geltungsanspruch einer anderen Aussage p nur innerhalb eines bestimmten Problemverständnisses (P) ein mögliches oder gar ein überzeugungskräftiges Argument, d.h.: p gilt, weil q (aufgrund von R innerhalb von P).

Eigentlich wird damit nur ein allgemein vertrautes, allenfalls konstruktivistisch theoriefähig gewordenes Phänomen benannt: Je nach der kategorialen Problemperspektivierung erscheint uns z.B. eine argumentativ gestützte Problemlösung als rechtlich unbedenklich (Legalität), aber als moralisch unerträglich (Moralität) oder als ökonomisch sinnvoll, weil rational (etwa: Einsparung durch Stellenabbau), in ihren sozialen Folgen aber als fatal (Arbeitslosigkeit) usw.

Das jeweils zugrunde gelegte Problemverständnis ist, obwohl es selten innerargumentativ explizit thematisiert wird, deshalb so fundamental für jede Argumentation, weil von diesem Problemverständnis die Problemdefinition, ja die Problemkonstitution selbst allererst abhängt. Es gibt eben keine Probleme an sich, wie die Geschichte der Ökologie lehren kann, sondern nur Probleme, die für Menschen zu Problemen *werden*, weil Menschen bestimmte Sachverhalte aufgrund bestimmter kategorialer Perspektivierung zu Problemen *machen* bzw. *als* Probleme definieren. Ich habe bereits erwähnt, dass mit der exponentiellen Zunahme von Optionen in der modernen Gesellschaft sich das Problemprofil entscheidend verändert hat, indem bisher optionslose Sachverhalte jetzt Wahlmöglichkeiten unterliegen und damit unter bestimmter kategorialer Perspektivierung zu Problemen werden.

Obwohl mit der Konstitution der Probleme bereits über deren Definition mitentschieden wird, ist von einem Kampf ums kategoriale Heißen der Probleme selten etwas zu bemerken. Erklärbar ist das, weil in der Praxis der Argumentation dieser Kampf natürlich nicht vor Beginn der eigentlichen argumentativen Auseinandersetzung entschieden wird, sondern erst im Prozess der Argumentation virulent wird, wenn z.B. fundamentale Differenzen darüber auftreten, was überhaupt als ein relevantes Argument gelten kann. Diese Frage ist nämlich konsensuell nur beantwortbar, wenn über die kategoriale Art des zugrunde liegenden Problems ein Einverständnis herrscht oder argumentativ hergestellt worden ist. Dass dieses vorgängige Einverständnis meistens so spät erst eingeklagt wird, hat damit zu tun, dass Problemdefinitionen in der Regel auf leisen Sohlen daherkommen. Sie sind unbemerkte, aber folgenreiche Präsuppositionen von Problembeschreibungen, deren vermeintlich neutraler Charakter die kategorialen Vorentscheidungen systematisch unkenntlich macht. Diese Vorentscheidungen werden erst bemerkt, wenn die gewählte »Beschreibungssprache« nicht benutzt, sondern ihrerseits beobachtet wird. Solche Second-order-Beobachtungen zählen aufgrund ihrer enormen reflexiven Kosten nicht gerade zu den Lieblingsbeschäftigungen argumentativer Praxis, mögen sie auch für eine analytische oder kritische Rekonstruktion dieser Praxis unerlässlich sein.

Es sind aber nicht nur die Kriterien argumentativer Überzeugungskraft, die mit einem bestimmten kategorialen Problemverständnis mitgewählt werden; es sind – noch weit folgenreicher – auch die materialen Plausibilitätspotenziale selbst, die ein bestimmtes Problemverständnis allererst erschließen und für die Argumentation als Plausibilitätsressourcen zur Verfügung stellen. Denn es gilt immer noch, was Aristoteles seinerzeit als Gesetz beispielhaft formuliert hat: Aus der Physik lassen sich keine Argumente für die Lösung ethischer Probleme gewinnen und umgekehrt.[55] Das heißt, dass ethische Probleme nur mit ethischen Argumenten bewältigt werden können wie rechtliche nur mit rechtlichen usw. Insofern Argumente immer nur relativ zu bestimmten kategorialen Problemverständnissen gelten, lässt sich P sowohl als Kennzeichnung eines kategorialen Problemverständnisses lesen wie als Kennzeichnung eines dadurch erschlossenen argumentativen Plausibilitätspotenzials. Der Vielzahl kategorial möglicher Problemverständnisse entspricht damit eine

Vielzahl material möglicher Plausibilitätspotenziale, die wieder einer entsprechenden Vielzahl typologisch möglicher Argumente als Plausibilitätsressourcen mit je eigenen kriteriellen Plausibilitätsstandards zur Verfügung stehen, um Geltungsansprüche methodisch einzulösen.

Bisher sind drei Bedingungen genannt worden, die q in der Rolle eines Arguments für p erfüllen muss, wenn q Überzeugungskraft entwickeln soll, nämlich sprechhandlungsspezifische *Gültigkeit*, argumentationsspezifische *Eignung* und problemspezifische *Relevanz*. Formelhaft noch einmal zusammengefasst: p gilt, weil q gilt (aufgrund von R innerhalb von P).

Zu ergänzen bleiben noch zwei Bedingungen, die zwar sprecher- bzw. kontextabhängig sind, aber mindestens subsidiär die Überzeugungskraft von Argumenten beeinflussen können:

4. So muss q von einem *glaubwürdigen* Sprecher vertreten werden. Im vorliegenden Fall ist für die Glaubwürdigkeit der Sprecherin ihre Funktion als GEW-Schulexpertin nicht minder von Gewicht als die schulpolitische Philosophie oder Ideologie der GEW. Je nach eigener Präferenz werden diese Faktoren natürlich positiv oder negativ auf die Überzeugungskraft von Argumenten durchschlagen. Die in der Praxis fast automatisch erfolgende Anbindung von Argumenten an die jeweilige Person, die sie benutzt, führt zu einer aus zeit-, aufmerksamkeits- und energieökonomischen Gründen leicht erklärbaren Vorsortierung bzw. Selektion von Argumenten nach dem Grad ihrer vermuteten Überzeugungskraft. Der im Nachhinein als Feldexperiment nutzbare Versuch von Ignatz Bubis, Philipp Jenningers berühmt gewordene Rede vom 10. November 1988 wörtlich zu wiederholen, spricht für sich: Die gleiche Rede, die den einen zum Rücktritt nötigte, brachte dem anderen viel Applaus ein.[56]

Zu den personorientierten Selektionskriterien zählen neben dem Amt des Argumentierenden natürlich Reputation und Ausstrahlung ebenso wie soziale Stellung, Image, Gruppenzugehörigkeit, kulturelle und nationale Herkunft, Geschlecht, Alter, Beruf etc. wie schließlich die Beachtung argumentationsmethodischer Mindeststandards (Widerspruchslosigkeit, Konsistenz mit früheren eigenen Aussagen und/oder mit denen der Bezugsgruppe usw.). Verstöße gegen diese Normen werden besonders unnachsichtig sanktioniert, weil es sehr wirksam ist, den Argumentierenden die Destruktion seiner möglichen argumentativen Überzeugungskraft selbst betreiben zu lassen. Wie subtil diese ferngesteuerte Selbstdestruktion ausfallen kann, mag folgendes Beispiel aus der Diskussion um das neue Staatsbürgerschaftsrecht belegen, mit dem den Befürwortern des Doppelpasses ein Selbstwiderspruch attestiert werden sollte: »Was sind das für Verfassungspatrioten, die ihre mit der Verfassung (statt mit der Abstammung) verbundene Staatsbürgerschaft so gering schätzen, dass die Option für diese Staatsbürgerschaft ihnen regelmäßig unzumutbar vorkommt?«[57]

5. Schließlich muss q zu dem jeweiligen *Argumentationsprofil* passen, das sich ein situativer Problemdiskurs gegeben hat. Argumente haben mithin nur dann eine Chance, Überzeugungskraft zu entwickeln, wenn sie sich aus Plausibilitätsressourcen speisen, die für die jeweiligen Argumentationspartner als Quellen von Gewissheit gelten. Wer diese Regel missachtet, mag seine Argumente subjektiv für noch so gut halten, er wird ihnen keine Überzeugungskraft beilegen können. Das trifft heute beispielsweise weithin für metaphysische, teleologische und ontologische Argumente zu, die in keinem Problemdiskurs von öffentlicher Wirkung gegenwärtig noch eine wichtige Rolle spielen dürften. An der eigentümlichen Fremdsprachlichkeit kirchlicher Argumente in der Schwangerschaftsdiskussion ist das seit Jahren exemplarisch ablesbar.

Neben historisch fraglos obsolet gewordenen Argumenten gibt

es freilich auch Argumente, deren Beachtungswert (meist aus strategischen Interessen) dadurch bestritten wird, dass sie als obsolet diskreditiert werden, weil sie etwa einen bestimmten diskursiv erzielten Reflexionsstandard unterliefen; so z.B. in der Abwertung des von breiter Zustimmung getragenen sächsischen Plädoyers für Kopfnoten durch die GEW-Funktionärin: »Die sächsische Lehrerschaft hat die Entwicklung nicht nachvollzogen, die wir im Westen in den Siebzigerjahren durchgemacht haben.«

Ungeachtet dieser leicht durchschaubaren Strategie argumentativer Argumentationsentwertung gibt es eine innerdiskursive Entwertung ganzer Argumentationssysteme, wofür etwa das Schicksal von Richard Schröders Alternativvorschlag für das Berliner Mahnmal stehen mag. Sobald einmal bewusst geworden ist, dass in Auschwitz nicht bloß das fünfte Gebot verletzt worden ist, verliert jedes Argument an Überzeugungskraft, das mit der Erinnerung an dieses Gebot des Judenmords öffentlich gedenken will.

Die zuletzt genannten zwei Bedingungen argumentativer Überzeugungskraft wären freilich missverstanden, würde man sie als bloße Hindernisse und Störungen eines an sich rationalen Argumentationsprozesses verstehen. Argumentation ist, wie bereits gesagt, keine Inkarnation der »reinen Vernunft«, allenfalls ist sie eine methodische Überlistung der »unreinen Vernunft« für vernünftige Zwecke; und das heißt pragmatisch: für ein Leben in einer Gesellschaft, die ihren Kooperationsbedarf gewaltfrei befriedigen will und muss. In diesem Kapitel ist das Verfahren beschrieben worden, das solche gewaltfreie bzw. verständigungsorientierte Kooperation möglich zu machen verspricht: Argumentation. Deren strukturelle Gewaltfreiheit bezeugt sich besonders darin, dass alle Bedingungen, die eben für die Überzeugungskraft einer Argumentation als wichtig bestimmt worden sind, Bedingungen sind, über deren Einlösung nur die anderen urteilen können; denn »was ein triftiger Grund für etwas sei«, das – so Wittgenstein – »entscheide nicht ich«[58].

Methodologisch besteht dieses gewaltfreie Verfahren zusammengefasst darin, bei Konflikten bzw. Geltungsproblemen nach gemeinsamen Überzeugungen zu suchen, mit denen sich das situative Problem so vermitteln lässt, dass mit der unterstellbaren Geltungsbeziehung zwischen p und q zugleich auch das Problem lösbar wird. Prozessual ließe sich diese Verfahrensmethode in einer Elementarstruktur argumentativer Geltungseinlösung abbilden, die erkennbar dem entspricht, was in Habermas' Terminologie die Einbettung des »Diskurses« in den Verlauf des »kommunikativen Handelns« heißt.

4. Zum Prinzip der Argumentation: Wie vernünftig ist das Argumentieren?

Geltungskonflikte durch Berufung auf selbstevidente Prinzipien schlichten zu können ist ein alter europäischer Traum[59]; doch Versprechen, diesen Traum erfüllen zu können, haben sich zwischenzeitlich als windig erwiesen. Anders ein Prinzip, das wenig Traumhaftes verspricht, dafür aber nüchtern auf eine respektable Bewährungszeit im Dienste rationaler Verständigungsarbeit verweisen kann; ich meine das Prinzip, das jeder rationalen Verständigung zugrunde liegt. Man kann es mit Habermas das »Diskursprinzip« nennen (H-FG, 135 ff., 161 ff.) oder bei dem hier vorgeschlagenen Begriff »Argumentationsprinzip« bleiben, weil er ohnehin nur eine Reformulierung des »Diskursprinzips« in operationalisierender oder methodologischer Absicht darstellt. Seine kommunikativ-pragmatische Grundstruktur wird freilich präziser erfassbar, wenn man dieses Prinzip mit seinem traditionsgeschichtlich nobilitierten alten Namen benennt, nämlich (lat.) »rationem reddere« bzw. (griech.) »lógon didónai«, was sich hilfsweise mit den bereits eingeführten Begriffen »Rechenschaft geben«, »rechtfertigen«, »legitimieren« usw. übersetzen lässt.[60] In diesem Kapitel geht es um dieses Prinzip, um seine geschichtliche Verortung, seinen regulativ-kritischen Anspruch, seinen formal-prozeduralen, codespezifischen und rhetorischen Charakter wie schließlich um seine mögliche Vernünftigkeit.

Ganz so unverständlich war es ja nicht, dass im Athen des Jahres 399 v. Chr. ein Mann endlich aus dem Weg geräumt werden sollte, nämlich Sokrates. Damit erfüllte sich, wovon Leute wie Alkibiades allenfalls zu träumen wagten: dass es diesen »Marsyas gar nicht gäbe«[61]. Es war in der Tat ärgerlich, auf öffentlichen Plätzen, die neben der Politik dem Tratsch und der Unterhaltung dienten, ständig in Diskussionen verwickelt zu werden, die jede lebensweltliche Vertrautheit und Sicherheit auszuhöhlen drohten. »Du scheinst nicht zu wissen«, so warnt Nikias den ahnungslosen Lysimachos in Platons *Laches*, »daß, wer immer der Rede des Sokrates nahe genug kommt und sich mit ihm ins Gespräch einläßt, unvermeidlich, wenn er auch von ganz etwas anderem zuerst angefangen hat zu reden, von diesem so lange ohne Ruhe herumgeführt wird, bis er ihn da hat, daß er Rede stehen muß [didónai lógon] über sich selbst, auf welche Weise er lebt [...].«[62]

Die fast monomanische Fixierung allen Redens auf ein einziges Interesse, auf »die Sorge um sich selbst« (epimeleia heautou), musste Sokrates zum öffentlichen Ärgernis machen. Nietzsches Urteil über »diese fragwürdigste Erscheinung des Altertums« war nicht schmeichelhaft; wagte er es doch, »als ein Einzelner« eine ganze Gesellschaft vor die Schranken des Gerichts zu zitieren, indem er sein »Ich aber meine« gegen das »Andere sagen« stellte.[63] Nietzsche hegte den Verdacht, dass zu einem solch kecken Mut nur ein »theoretischer Optimismus« führen könne, der gewährleistet, dass man durch methodisches Fragen wieder festen Boden unter die Füße bekommt, den der erste europäische Aufklärungsschub mit der Sophistik weggezogen hatte. Diesen Verdacht dürften wir auch heute noch teilen und Nietzsche Recht geben: »Die Zeit des sokratischen Menschen ist vorüber.« Oder anders gesagt: Unter ständigem Legitimationsdruck kann man nicht leben, weder individuell noch kollektiv. Denn die Sicherheit normativen Orientierungswissens verdankt sich weniger argumentativ gelungenen Legitimationsnachweisen als seiner tagtäglichen impliziten Bestätigung durch diejenigen, die dieses Wissen als »plausibel« teilen.[64] Alles andere würde zu dem führen, was wir mit Marquard riskante »Übertribunalisierung« genannt haben; »riskant«, weil sie als Lebensbedrohung erfahren werden kann, die dann zu entsprechend kompensatorischen »Ausbrüchen in die Unbelangbarkeit« verleitet, mit denen man sich die o.g. »Gnade des Hinnehmenmüssens« dann doch ertrotzt.

Marquards Apologie des »Üblichen« und des Zwangs zur »Konventionalität«, Luhmanns Plädoyer für einen »neuen Konservativismus aus Komplexität« oder Lübbes Einklagen der konservativen »Beweislastverteilungsregel«[65] – sie alle wollen (entgegen erstem Anschein) nicht die stotternden Antwortversuche der Gefragten, sondern das von Sokrates exzessiv beanspruchte Fragerecht unter Legitimationsdruck setzen. Insofern sind sie alle typisch moderne Reaktionen auf vormoderne Illusionen eines möglichen Venunftobjektivismus, gottlob ohne resignative Müdigkeit oder Trauer. Die ist auch einem Jürgen Habermas fremd, der freilich genüsslich von denen als Traumtänzer gescholten wird, die sein Konzept des »herrschaftsfreien Diskurses« immer noch mit 68er-Utopien verwechseln. Zu Unrecht, wie sich leicht zeigen ließe; »Diskurse« sind nach Habermas' höchst realistischer Annahme »Inseln im Meer der Praxis« (H-VZ, 147), d.h., sie sind in hohem Maße »unwahrscheinlich«, weil eine »sehr voraussetzungsreiche Kommunikationsform«, die das methodisiert, was Hegel »Räsonnement aus Gründen« nennt und mit der »Philosophie [!] der Sophistik« historisch beginnen lässt.[66] Ihre Unwahrscheinlichkeit sagt freilich nichts über ihre pragmatische Unersetzlichkeit aus.

Über die »Diskurs«-Voraussetzungen bzw. über die komplexen Voraussetzungen möglichen Argumentierens wird noch zu reden sein. Hier geht es um das Prinzip selbst, das *in* diesen »Diskursen«, wenn sie denn trotz ihrer »Unwahrscheinlichkeit«

einmal gelingen, zur Geltung kommt. Wir haben eben noch einmal den traditionsgeschichtlichen Namen dieses Prinzips in Erinnerung gebracht, nämlich »lógon didónai«, um daran zu erinnern, dass das Prinzip der Argumentation ein altes Prinzip ist. Für dieses Prinzip – so die hier zu verteidigende These – gibt es gute Gründe, selbst wenn es vergleichbar gute Gründe für den »theoretischen Optimismus« nicht mehr gibt, mit dem dieses Prinzip historisch von Sokrates vertreten und zum Prinzip des kommunikativen Verkehrs schlechthin generalisiert wurde, was seinen Sinn verkehren musste. Diese pragmatische Sinnverkehrung belegen exemplarisch die notorischen Aporien, in die sich die sokratischen Dialoge regelmäßig verheddern, weil sie einer (infiniten) Fragedynamik folgen, die so sehr entkontextualisiert ist, dass der Dialogabbruch nicht die dümmste Reaktion der jeweiligen Partner sein muss. Denn das Prinzip des »lógon didónai« eignet sich nachweislich nicht dazu, die normative Basis einer Gesellschaft mit postkonventionellen Mitteln neu zu sichern, nachdem die konventionellen Garantien sozialer Gewissheit ausgelaugt sind; wohl aber hält dieses Prinzip ein Verfahren bereit, soziale Gewissheiten im Fall ihrer situativen Problematisierung auf ihre Legitimierungschance hin zu überprüfen und gegebenenfalls durch Gründe neu zu stützen. Eben deshalb macht es Sinn, das Prinzip der Argumentation auch ein »rechtfertigungsbezogenes« bzw. »legitimatorisches« Prinzip zu nennen. Das Verfahren, das dieses Prinzip methodisch zur Anwendung bringt, ist im dritten Kapitel vorgestellt worden. In diesem Kapitel interessiert uns mehr die Frage, was es als ein vernünftiges Verfahren zu qualifizieren erlaubt. Damit ist ersichtlich nach Argumenten gefragt, die für das Argumentieren als Prinzip sprechen.

Die bisher versuchte Antwort könnte heißen: Vernünftig ist Argumentation, weil das Prinzip, das sich in der Argumentation methodologisch zur Geltung bringt, nämlich das Lógon-didónai-Prinzip, vernünftig ist. Warum aber ist dieses Prinzip vernünftig?

Der Platon-Übersetzer Schleiermacher übersetzt »lógon didónai« mit »Rede stehen«. Damit wird noch einmal an die kommunikativ-pragmatische Kontextualisierung dieses Prinzips erinnert, das – anders als das logische Prinzip der Folgerichtigkeit – immer schon Subjekte unterstellt, die »Rede stehen«, weil andere sie zur Rede gestellt haben. Um die dezidiert antimonologische bzw. dialogische Grundstruktur dieses Prinzips noch deutlicher zu machen, lohnt sich der Hinweis, dass »lógon didónai« eigentlich nur die sprachliche Reduktion einer Formel ist, die korrekt lauten müsste: »lógon didónai kai déchesthai par' allélon«, »sich wechselseitig zur Rede stellen und wechselseitig Rede stehen«.[67] Das ist zwar eine umständliche, aber immer noch angemessene Beschreibung dessen, was Argumentation als Prinzip eigentlich meint: Argumentation versucht, Geltungsansprüche im Fall ihrer Problematisierung durch Rede und Gegenrede bzw. durch Nachfragen und Angeben von Gründen erfolgreich zu behaupten.[68] Erfolgreich ist ein solches Behaupten, wenn es gelingt, Geltungsansprüche überzeugungskräftig zu stützen. Ob eine solche argumentative Stützung überzeugt, zeigt sich daran, ob sie Zustimmung findet bzw. konsensuell ratifiziert wird. Und weil eine konsensuelle Ratifikation Geltungsgründen gilt, die Geltungsansprüche stützen sollen, gilt sie auch diesen selbst: Ihre Anerkennung stützt sich auf überzeugte Zustimmung bzw. konsensuelle Ratifikation. Solchermaßen rational gestützte und konsensuell ratifizierte Geltungsansprüche nennen wir legitimierte bzw. legitime Geltungsansprüche. Legitimierte Geltungsansprüche vernünftige Geltungsansprüche zu nennen, macht Sinn, weil unter Bedingungen eines postobjektivistischen Vernunftbegriffs der eigensinnige Objektivitätsanspruch vernünftiger Geltungsansprüche nur über ihre transsubjektiv gelingende

Legitimierung einzulösen ist. Wenn das so ist, dann wird damit ein intrinsischer Zusammenhang zwischen Argumentation, Konsens, Geltung und Vernunft erkennbar, der das in diesem Kapitel thematisierte Prinzip der Argumentation als ein vernünftiges Prinzip bestimmbar macht, weil es die Einlösung des Vernunftprinzips unter postobjektivistischen Bedingungen ist, die vernünftige Geltungsansprüche exklusiv an die konsensuelle Ratifikation ihrer überzeugungskräftigen Stützung rückbinden. (A-BE)

Das sich in diesem intrinsischen Zusammenhang explizierende Prinzip der Argumentation ist ebenso sympathisch undogmatisch[69], wie es zur Frage nötigt, ob damit *jeder* argumentativ gestützte und konsensuell ratifizierte Geltungsanspruch als ein legitimierter und damit auch vernünftiger zu gelten hat. Um diese Frage zu beantworten, muss die Unterscheidung von Geltungsansprüchen nach der jeweiligen materialen Art ihres Anspruchs (rechtliche, ethische, ästhetische usw.) ergänzt werden; und zwar durch eine in ihrer Logik ganz anders interessierte Unterscheidung, die aber implizit bereits genutzt wurde, als von legitimen Geltungsansprüchen gesprochen wurde. Legitim – so könnte man jetzt präzisieren – sind Geltungsansprüche, die ihre faktische Existenz gegen jeden legitimationskritischen Problematisierungsversuch erfolgreich haben verteidigen können. Solange sie legitimationskritisch nicht problematisiert werden, ist die Unterscheidung zwischen bloß faktischer und legitimer Geltung in der Praxis ohne Bedeutung. (H-TK I, 50 ff., 265 ff.; H-FG, 45 ff.) Wichtig wird sie erst mit Blick auf den Legitimierungsversuch eines Geltungsanspruchs im Fall seiner Problematisierung. Erst dann stellt sich nämlich die Frage, unter welchen Bedingungen eine faktisch erfolgreiche Stützung von Geltungsansprüchen als deren Legitimierung gelten kann.

Die Differenzierung zwischen erfolgreicher und gültiger Legitimierung klingt zunächst abstrakt-akademisch, ist aber eine in alltäglicher Praxis ständig genutzte Differenzierungschance. Wir beziehen nämlich durchaus die Bedingungen, unter denen die argumentative Stützung eines Geltungsanspruchs erfolgt, in unsere Bewertung der faktisch erzielten Verständigung mit ein. Nicht jede faktisch erfolgreiche Verständigung entspricht eben unseren Ansprüchen an eine vernünftige Verständigung. Dabei geht es überhaupt nicht um idealistische Ansprüche, wie sie unter dem Begriff »herrschaftsfreier Diskurs« gern karikiert werden; es geht vielmehr um Ansprüche, die aus dem Eigensinn argumentativer Verständigung selbst resultieren und daher als Regulative immer dann ins Spiel kommen, wenn Verständigungsprozesse zum Gegenstand der Kritik werden.

Die in Studentenkreisen Ende der Sechzigerjahre so beliebte Methode des Filibusterns ist ein relativ harmloses Beispiel für eine entsprechend kritisierbare Strategie, den Kreis der Argumentierenden nach und nach so zu dezimieren, dass Verständigung leichter wurde, weil die, die sie hätten erschweren können, nicht mehr anwesend waren. Dieses Beispiel enthält einen nützlichen Hinweis auf eine allgemeine Regel, für deren Verletzung und systematische Außerkraftsetzung immer neue Strategien erfunden werden, individuell wie kollektiv, in gesellschaftlichen Gruppen ebenso wie in politischen Systemen aller Couleur. Diese Strategien zielen darauf, Subjekte, Gruppen, Parteien, Meinungen, Interessen etc. aus dem Kreis des argumentativ Berücksichtigungs- und Beachtenswerten zu exkludieren, um den eigenen Interessen größere Zustimmungschancen zu verschaffen. Die allgemeine und sinnvoll schwerlich angreifbare Regel, die diese Exklusionsstrategien systematisch verletzen, lässt sich wie folgt formulieren: Jede Verständigung, die ihren Erfolg der vorgängigen (thematischen, personellen usw.) Einschränkung der Verständigungschancen verdankt, dementiert sich selbst und ihren Rationalitätsanspruch.

Perelman hat schon 1958 vorgeschlagen, dieser allgemeinen Regel vernünftiger Argumentation in der Weise Rechnung zu tragen, dass man einen faktisch erzielten Verständigungserfolg bzw. Konsens qualitativ danach unterscheidet, ob er in einem »auditoire particulier« erzielt worden ist oder in einem »auditoire universel«.[70] Und er hat weiter vorgeschlagen, diese qualitative Differenzierung einer argumentativ erzielten Verständigung nach der Anzahl der an ihr Beteiligten als moderne Reformulierung der alten rhetorischen Differenzierung zwischen »persuader« (überreden) und »convaincre« (überzeugen) zu verstehen. Habermas ist – ohne Bezug auf und Kenntnis von Perelman – später zu dem gleichen Ergebnis gekommen. Auch er hielt es für theoriestrategisch zwingend, innerhalb seiner »Diskurstheorie« zwischen einem »faktischen« und »wahren Konsens« zu unterscheiden, um nicht jeden Verständigungserfolg kontraintuitiv als vernünftig nobilitieren zu müssen und damit den Eigensinn von Vernunft diskurstheoretisch zu unterlaufen. Und auch Habermas hat wie Perelman diese qualitative Konsens-Unterscheidung an den Zugangsbedingungen zum Verständigungsprozess festgemacht: Wahr bzw. vernünftig kann nur ein Konsens heißen, der tendenziell universal ist, insofern er tendenziell der Konsens aller Betroffenen ist. (H-WT; H-UP; H-FG, 135 ff.) Bei beiden könnte man eine zeitgemäße Reformulierung von Kants »transzendentalem Prinzip der Publizität« erkennen.[71]

Unter dem Namen »ideale Sprechsituation« hat Habermas zeitweilig versucht, die Bedingungen systematisch aufzulisten, die eine Situation kommunikationsstrukturell erfüllen muss, damit in ihr Verständigung im emphatischen Wortsinn möglich wird. (H-WT, 178 ff.; H-FG, 279) Wie man es auch immer nennen mag, ohne Klärung der Bedingungen gelingender Verständigung kommt nur eine Theorie aus, die »Verständigung« als empirischen Beschreibungsbegriff verstehen und – radikal missdeuten würde. »Verständigung« ist nämlich kein strikt deskriptiver, sondern ein durch und durch normativer Begriff, weil die Bedingungen für das, was »Verständigung« genannt wird, durch und durch normative Bedingungen sind, z.B. Mitspracherecht aller Betroffenen, Redefreiheit, Sicherung von Meinungsvielfalt, symmetrische Kommunikationschancen, Ächtung aller Gewalt, Überzeugungsbereitschaft. Nur wenn man diese Bedingungen total missversteht (aber das ist leider die Regel), d.h., wenn man sie als Beschreibungen empirischer »Diskurse« bzw. argumentativer Verständigungsprozesse liest und nicht als normative und deshalb regulativ wirksame wie kritisch einklagbare Bedingungen einer Verständigungsarbeit, die den in ihr erzielten Konsens als einen vernünftigen Konsens zu qualifizieren erlauben – nur im Falle eines solchen Missverständnisses wird man diese Bedingungen als idealistisch (im schlechten Sinne), als weltfremd, naiv, blauäugig oder wie immer schelten. In Wahrheit sind sie der Versuch, den objektiven Eigensinn von Vernunft nichtobjektivistisch zu retten, als Eigenschaft, die Geltungsansprüchen nicht an sich zukommt, sondern ihnen nur prädikativ zugesprochen wird, wenn und insofern sie sich in Prozessen argumentativ bewährt haben, die strukturell einen ernsthaften Bewährungstest garantieren. Ernsthaft in diesem Sinne ist nur ein Bewährungstest, der (tendenziell) jeden Zwang ausschließt außer den argumentativen Zwang, der aber – dies seine charakteristische Dialektik – ein »zwangloser Zwang« ist, weil er nur die zwingen kann, die sich von ihrer eigenen Überzeugung nötigen lassen; doch solche rationale Selbstnötigung kann sinnvollerweise nicht mehr Zwang heißen.[72] Entsprechend ist das Prinzip der Argumentation ein Zwang ausschließendes Prinzip.

Es macht Sinn, einen solchen modernitätstypischen Vernunftbegriff, der sich postobjektivistisch formal statt material definiert, mit Habermas »kommunikativ« oder noch genauer

»prozedural« zu nennen.[73] Dieser Begriff eignet sich freilich ebenso für die Charakterisierung des Prinzips, auf das dieser Vernunftbegriff sich ja beziehen muss, wenn er etwas vernünftig nennt, weil es sich prozedural bewährt hat. Dieses Prinzip ist selbstredend das Prinzip der Argumentation. »Prozedural« ist daher eine weitere Charakterisierung des Prinzips der Argumentation und zugleich eine angemessene Reformulierung dessen, was im dritten Kapitel als Verfahren der Argumentation unter methodologischem Interesse beschrieben wurde. Der Begriff »prozedural« erfasst präzise das Verfahren einer Geltungssicherung, das mittelbar ist, weil es Geltungsansprüche durch Bezugnahme auf andere Geltungsansprüche zu stützen versucht. Wir haben auch schon vermerkt, dass dieses prozedurale Prinzip nur so lange vor der Gefahr bloßer (infiniter) Geltungsverschiebung geschützt ist, wie jeweils unstrittige Geltungsansprüche unterstellbar sind, auf die argumentativ Bezug genommen werden kann. Argumentation setzt also, um als Prinzip mittelbarer Geltungssicherung überhaupt wirksam werden zu können, immer schon mehr Gewissheiten voraus, als sie ihrerseits methodisch sichern kann. Man kann es auch in Anlehnung an einen viel zitierten Satz von E.-W. Böckenförde sagen: Nicht nur »der Staat lebt von Voraussetzungen, die er selbst nicht garantieren kann«, wir alle tun es und müssen es tun, wenn wir sozial überleben wollen. Insofern Argumentieren nie beim Nullpunkt anfangen kann, erinnert uns seine Methodologie an eine Bedingung sozialer Existenz überhaupt: Sie fängt nie am Anfang an.

Um die Methodologie argumentativer Geltungssicherung zu berücksichtigen, haben wir von Argumentation als einem Referenz-, Anschluss-, Reduktionsprinzip usw. gesprochen. Man kann mit Rüdiger Bubner auch vom Prinzip der »argumentativen Rückführung«, der »Subsumtion« bzw. des »Einpassens [...]

ins fraglos geltende Ganze« sprechen.[74] Was diese und andere Begriffe als Prinzip der Argumentation umschreiben, meint immer das Gleiche: Geltungssicherung von p durch methodische Geltungsanbindung an q aufgrund einleuchtender Geltungsbeziehungen zwischen p und q. Hier wird noch einmal deutlich, warum das Auffinden bzw. – gegebenenfalls – das Plausibilisieren solcher Geltungsbeziehungen als die basale Aufgabe der Argumentation definiert worden ist. Erst aufgrund einleuchtender oder einleuchtend gemachter Geltungsbeziehungen kann es eine Chance der Geltungssicherung durch überzeugungskräftiges Anschließen problematisierter Geltungsansprüche an ergiebige Geltungsressourcen geben. So gesehen ließe sich das Argumentierenkönnen geradezu mithilfe dieses Prinzips definieren: Argumentierenkönnen ist Anschließenkönnen an ergiebige Geltungspotenziale bzw., was das Gleiche meint, ein Auffindenkönnen von einschlägigen Geltungsbeziehungen.

Das Prinzip der Geltungssicherung durch methodisches Anschließen an Geltungspotenziale ist zwar etwas Argumentationstypisches, aber nicht Argumentationsspezifisches. Man kann leicht bemerken, dass dieses Prinzip mittelbarer Geltungssicherung bloß ein generelles Prinzip bereichsspezifisch adoptiert, um Geltungsprobleme zu lösen. Schopenhauer z.B. zählt das hier behandelte Prinzip in seiner Dissertation von 1813 zum »principium rationis sufficientis«, d.h. zum Prinzip bzw. »Satz vom zureichenden Grund«.[75] In diesem Satz und seiner »vierfachen« Bedeutung ist nach Schopenhauer das »Prinzip aller Erklärung« bzw. – so Kettner – das allgemeine Prinzip rationalen Verhaltens formuliert, insofern damit ein Verhalten gemeint ist, das sich an »guten Gründen« orientiert.[76]

»Gut« bzw. »zureichend« ist ein »(Geltungs-)Grund« nach dem bisher Gesagten, wenn es ihm gelingt, Anschluss an allgemeine bzw. gruppenspezifische Plausibilitätspotenziale zu finden, um sie als Ressourcen für überzeugungskräftige Geltungsgründe zu nutzen. Noch allgemeiner reformuliert lässt sich sagen: »Zureichend« ist ein »(Geltungs-)Grund«, wenn es ihm gelingt, Unvertrautes auf Vertrautes zurückzuführen bzw. an Vertrautes methodisch anzuschließen. Ich werde im siebten Kapitel am Beispiel des Klonens zeigen, dass Probleme erst dann argumentativ zugänglich und damit auch lösbar werden, wenn sie durch ihre kategoriale Beschreibung in einem vertrauten Problemgelände angesiedelt werden und damit Anschluss an vertraute Plausibilitätspotenziale bekommen.

Versteht man das argumentative Prinzip der Geltungsanbindung in diesem Sinne als bloß bereichsspezifische Übernahme eines generellen Prinzips, dann wird Argumentation systematisch vergleichbar mit zwar heterogenen, aber funktional durchaus äquivalenten Verfahren, die auch den Anschluss an Vertrautes methodisieren und so – dies der entsprechende luhmannsche Begriff (L-GG, 134 ff.) – Komplexität reduzieren. Das gilt für Verhaltensschemata (z.B. Prägnanzschemata in der Wahrnehmung) ebenso wie für die Orientierung von Gerichtsurteilen an früheren Entscheidungen (Präzedenzfälle), für motivgeschichtliche Anlehnungen in der Literatur (Odysseus, Kassandra usw.) ebenso wie für typologisches Denken (Altes Testament / Neues Testament); das gilt für die Methode der Analogiebildung wie für stilistische Figuren, etwa für Antonomasien (»zweiter Mozart«) oder Metaphern; das belegen der Anknüpfungszwang an die Vertrautheit sozial bewährter Ausdrucksformen, dem selbst revolutionäre Ideen noch unterliegen, wollen sie Erfolg haben[77], wie auch die elementare Rolle der (bes. seit Husserl theoretisch virulenten) »Lebenswelt«, insofern darunter das Kondensat dessen verstanden wird, was als selbstverständlich, üblich, bekannt, fraglos, natürlich usw. gilt oder eben als vertraut.[78]

»Lebenswelt« als bloße Beschreibungsvariante für das »immer schon Vertraute« (H-FG, 37ff.) benennt freilich nur die eine, eben die terminologisch ausdifferenzierte Seite eines generellen und universalen Binärcodes, dessen Einheit die Differenz zwischen »vertraut« und »unvertraut« selbst ausmacht.[79] Weil dieser Binärcode bzw. seine Leitdifferenz uns so »vertraut« ist, bemerken wir unser codeabhängiges Unterscheiden nach »vertraut/unvertraut« erst, wenn wir die Unterscheidung und damit die Bedingung unseres Beobachtens selbst zum Objekt der Beobachtung machen. Die Leistungsfähigkeit dieses Binärcodes wird noch dadurch erhöht, dass er (über das so genannte »re-entry«) in das mit seiner Hilfe Unterschiedene selbst wieder eingeführt werden kann. Das bedeutet, dass der Binärcode »vertraut/unvertraut« soziologisch genutzt werden kann, um die Funktionsdifferenzierung moderner Gesellschaften als ihre Binnendifferenzierung nach eigensinnigen Lebenswelten zu beschreiben. Dadurch wird die eine vertraute Lebenswelt ihrerseits in verschiedene funktionale und entsprechend eigensinnige Lebenswelten ausdifferenziert, die jeweils den Bereich des Vertrauten gegen den des Unvertrauten abgrenzen und füreinander gleichsam wie Fremdsprachen unverständlich sind. Wir werden im sechsten Kapitel noch sehen, dass zusammen mit den verschiedenen funktional ausdifferenzierten Lebenswelten nicht nur eigensinnige Kommunikationsbereiche, sondern auch typologisch eigensinnige Argumentationspotenziale ausdifferenziert werden, die jeweils den Bereich des Vertrauten gegen den des Unvertrauten abgrenzen.

Wenn der Binärcode »vertraut/unvertraut« beim Argumentieren nur bereichsspezifisch adoptiert wird, insofern eine argumentativ gelingende Geltungssicherung die gelingende Anbindung eines problematisierten Geltungsanspruchs an vertraute Geltungspotenziale meint, und wenn diese argumentative Anbindung im Fall ihres Gelingens terminologisch die Überzeugungskraft einer Argumentation ausmacht, dann wird ein intrinsischer Zusammenhang zwischen den Kategorien »vertraut« und »überzeugungskräftig« erkennbar, der sich wie folgt explizieren lässt: Überzeugungskräftig ist eine argumentative Geltungssicherung, wenn ihr über eine als einleuchtend anerkannte Geltungsbeziehung eine Geltungsanbindung an vertraute Plausibilitätspotenziale gelingt.

Dieser kategoriale Zusammenhang zwischen »vertraut« und »überzeugungskräftig« erklärt sich leicht aus dem Zusammenhang zwischen zwei Binärcodes bzw. Leitdifferenzen, von denen bisher freilich nur die jeweils markierten Werte benannt worden sind, nämlich »vertraut« bzw. »überzeugungskräftig«. Selbstredend macht es erst Sinn, Argumentationen überzeugungskräftig zu nennen, wenn sie damit von Argumentationen qualitativ unterschieden werden sollen, die eben als »nicht überzeugungskräftig« bewertet werden, wenn also »überzeugungskräftig« der (markierte) Teil eines Binärcodes ist, der auf die Bewertung von Argumenten spezifiziert ist. Diese Spezifität teilt der Binärcode »überzeugungskräftig / nicht überzeugungskräftig« nicht nur mit dem Binärcode »vertraut / nicht vertraut«, sondern mit allen evolutionsgeschichtlich ausdifferenzierten Binärcodes. Und noch eine andere Eigenschaft teilt der argumentationsspezifische Binärcode mit Binärcodes allgemein: Er ist ebenso spezifisch, was seine Funktionalität angeht, wie er universell ist, was seine Zuständigkeit innerhalb seiner Funktionsgrenzen betrifft. (L-ÖK, 75 ff.) »Spezifisch« ist der argumentative Binärcode, insofern er ausschließlich für die Bewertung von Geltungsgründen geeignet ist. Nur für ihre Bewertung stellt der Binärcode eine entsprechend kategorial differenzierte Sprache bzw. Semantik zur Verfügung, die für die Bewertung anderer Typen von Gründen nicht verwertbar ist, weshalb weder Ursachen noch Motive überzeugungskräftig sein können. »Universell« ist dieser Code aber zugleich, insofern er die Bewertung aller Argumente ermöglicht, ungeachtet ihres materialen Charakters. Physikalische Argumente werden mit dem gleichen Binärcode bewertet wie moralische, obwohl die dabei argumentativ genutzten Plausibilitätspotenziale und -kriterien völlig inkompatibel sind. Alle Aussagen unterliegen, sobald sie als Argumente fungieren, einer Bewertung mithilfe des Binärcodes »überzeugungskräftig/nicht überzeugungskräftig«, dessen Einheit genau diese Leitdifferenz ist. Erkennbar hängt die Universalität dieses Binärcodes wie jedes anderen an der Spezifität seiner Funktionalität. Dass in der codeabhängigen Bewertung eines Arguments als überzeugungskräftig drei Bewertungen verknüpft sind, nämlich Bewertungen der Gültigkeit, Einschlägigkeit und Relevanz der argumentativ funktionalisierten Aussage, ist bereits im dritten Kapitel erläutert worden.

Luhmann nennt Binärcodes eine evolutionäre Erfindung; »evolutionär« u.a. deshalb, weil sie »Duplikationsregeln« von spezifischer Universalität zur Verfügung stellt, die den Menschen unabhängig von der Welt (auch der objektiven) machen, da sie die Welt fiktiv zu duplizieren ermöglichen. Obwohl »die Welt ist, was sie ist«, macht das Reden über (bzw. das Bewerten von) Welt die Welt für den Menschen »kontingent«, insofern er mit seinen Leitdifferenzen darüber entscheidet, wie sie kategorial beschrieben, prädiziert, bewertet wird usw., ob z.B. Dingen der Wert »existent« zu- oder abgesprochen wird. (L-ÖK, 75 ff.; L-ÜF)

Historisch betrachtet müsste man den argumentationsspezifischen Binärcode einen »rhetorischen« Binärcode nennen, weil seine Leitdifferenz genuin rhetorische Schlüsselbegriffe zitiert.[80] Und das ist nur plausibel, wenn gilt, dass die Rhetorik das historische Reflexionssubjekt der Argumentation ist, weil die Überzeugungskraft von Argumenten die rhetorisch wirksamste Form überzeugungskräftiger Rede als Mittel sozialer Selbstbehauptung ist. Und noch aus einem anderen Grund spielt die Rhetorik für die Entwicklung des Interesses an binären Leitdifferenzen theoriegeschichtlich eine entscheidende Rolle: Aufgrund ihrer theorieimmanenten (sophistischen) Annahmen war die Rhetorik ein Theorietyp, der sich nicht so sehr für die Welt interessierte, sondern für die Meinungen der Menschen über die Welt. Denn die Welt mag im Sinne Luhmanns sein, was sie ist; für den Menschen wird sie sozial erst relevant in Form der Meinungen, die es über die Welt gibt. Über sie und nur über sie nämlich ist die Welt beeinflussbar und veränderbar, und zwar in gleichem Maße, wie menschliche Meinungen beeinflussbar und veränderbar sind; und sie sind beeinflussbar und veränderbar nach Maßgabe der Überzeugungskraft des betreffenden Redens über die Welt.[81] Im Wissen über diese Bedingungen ist die viel zitierte und beklagte soziale Macht gekonnter Rede fundiert.

Unter dem Terminus »Hypolepsis« ist das bisher erläuterte allgemeine Prinzip, nämlich Unvertrautes durch systematisches Anbinden an Vertrautes vertraut zu machen, als ein altes, nicht nur von der Rhetorik, sondern auch von der Philosophie (bes. von Aristoteles) geschätztes und genutztes Prinzip erkannt und beschrieben worden.[82] Seit Lübbe, Marquard, Luhmann u.a. gilt dieses Prinzip, je nachdem ob es anthropologisch oder systemtheoretisch fundiert wird, als Grundprinzip menschlicher Selbstvergewisserung überhaupt (»Kein Mensch ist der absolute Anfang«; Marquard) bzw. als Grundprinzip möglicher Kommunikation und damit möglicher Gesellschaft schlechthin (»Gesellschaft ist ein kommunikativ geschlossenes System«; Luhmann).[83]

Das in seiner Geltung heute weithin unstrittige Prinzip des Anschließens lässt sich innerhalb philosophischer Reflexionsgeschichte als vorläufiger Endpunkt einer erkenntniskritisch gestimmten Anstrengung verstehen, dem Wissenwollen des Menschen ein sicheres Fundament zu verschaffen; und zwar dadurch, dass alles dem methodischen Zweifel ausgesetzt wird, was in Wahrheit freilich meint: dass alles einem abstrakt-künstlichen Versuch unterworfen wird, Vertrautes unvertraut zu machen. Die damit traditionsbildend gestellte Frage »Was *können* wir wissen?« (Kant) ist spätestens seit Nietzsche umformulierungsbedürftig: Was und wie *müssen* wir erkennen, *um* überhaupt überleben zu können? Es ist kein Zufall, dass Nietzsche in der Rhetorik das historische Anti-Modell gegen den Mainstream der nachplatonischen Philosophie erkannte; denn nach Nietzsche ist der Zugang zur Welt für den Menschen nicht epistemisch, sondern rhetorisch strukturiert und d.h. »doxastisch«. Es sind Meinungen (doxai), über die der Mensch sich die Welt gemäß seinen Überlebensbedingungen und -interessen erschließt.[84] Entsprechend ist der notorische Kampf zwischen Meinungen um Meinungshegemonie ein Kampf um jeweils durchsetzungsfähige Beschreibungen von Welt und um die darin immer schon implizierte und erschlossene Zugänglichkeit von Welt. Für die Rhetorik kann es – anders als für Descartes, den neuzeitlichen Anti-Rhetoriker par excellence – kein sicheres Fundament geben, allenfalls ein Ensemble (historisch, kulturell, gesellschaftlich, gruppenspezifisch usw.) jeweils geltender »en-doxa«, d.h. Meinungen, die gelten, weil sie allgemein anerkannt sind, und die allgemein anerkannt sind, weil sie vertraut sind; doch vertraut sind sie nicht deshalb, weil sie einen Wahrheitstest erfolgreich überstanden hätten, sondern weil sie sich als Plausibilitätsressourcen in der Praxis bewährt haben. (L-GG, 546 ff.) Solange aus solchen »en-doxa« im Fall situativer Geltungsproblematisierung noch überzeugungskräftige Geltungsgründe zu gewinnen sind, die das jeweils Strittige wieder an Unstrittiges methodisch anzubinden vermögen, solange beglaubigen sich »endoxa« selbst. Ihre ebenso sympathisch undogmatische wie modernitätsverdächtige Struktur lässt sich am ehesten negatorisch bestimmen: »En-doxa« gelten zwar nicht, *weil*, wohl aber *solange* ihre Gültigkeit nicht bezweifelt wird. Mit dieser impliziten Temporalisierung werden alle sozialen Gewissheiten auf »Unendgültigkeit« umgestellt. (L-GG, 141) Das bedeutet, dass Geltungsansprüche unter modernitätsspezifischen Bedingungen nur noch »bis auf weiteres«[85] gelten, weil »es kein letztes Wort [mehr] gibt«. Das ist weniger ein beklagenswerter Zustand als eine der möglichen Reaktionen auf das Problem der Komplexität, die zunimmt, je mehr Kommunikationsprozesse reflexiv werden, sich selbst zum Thema machen. Es bedarf keiner Beispiele aus dem politischen Alltag, um zu belegen, dass die Toleranz gegenüber demokratischen Mehrheitsentscheidungen durch deren Geltung »bis auf weiteres« erleichtert wird.

Eine andere Reaktion auf das modernitätstypische Komplexitätsproblem ist bereits erwähnt worden (Beweislastverteilungsregel) und wird im fünften Kapitel noch genauer bestimmt werden: Das Problematisieren von Geltungsansprüchen wird sanktionsfähigen Mindestansprüchen auf pragmatische Dringlichkeit unterworfen. Nicht nur der Zweifel braucht also – so Wittgenstein[86] – Gründe, sondern auch die Geltungsproblematisierung, wenn sie denn Aufmerksamkeit finden will.

Aristoteles nennt das in jeder Argumentation praktizierte Prinzip des methodischen Anschließens an allgemein oder gruppenspezifisch anerkannte soziale Gewissheiten (en-doxa) »dialektischen Syllogismus« bzw. »Enthymem«.[87] Seine Beschreibung beglaubigt noch einmal, dass das Argumentationsprinzip die bloß bereichsspezifische Übernahme eines allgemeinen Prinzips darstellt, das Komplexität methodisch reduziert, indem es Unvertrautes auf Vertrautes zurückzuführen versucht: »Alle auf Beweisführung beruhenden Belehrungen gehen von bereits Bekanntem aus [...] [Sie] benutzen alte Erkenntnisse, um neue zu vermitteln.«[88] Was daher »dialektische Syllogismen« von anderen unterscheidet, ist die Art der Gewissheiten, auf die sie Bezug nehmen; es sind Gewissheiten, die – statt »durch sich selbst evident zu sein« – ihre Geltung allgemeiner Anerkennung verdanken.

Obwohl Aristoteles sehr stolz auf die funktionale und strukturelle Klärung dieses Syllogismustyps war[89], hat er gegenüber dem »apodiktischen Syllogismus« bekanntlich keine große Geschichte gehabt, zumindest nicht theoretisch, mag er auch praktisch immer zum Alltag der Argumentation gehört haben; denn dieser wusste, was Wittgenstein nur in Erinnerung bringt: »Probleme werden gelöst, nicht durch Beibringen neuer Erfahrung, sondern durch Zusammenstellen des längst Bekannten.«[90] Die entsprechende Heuristik, die dieses »Zusammenstellen des längst Bekannten« im Interesse der Sicherung von Geltungsansprüchen zu methodisieren verspricht, heißt »Topik«. Sie ist konstitutiver Teil einer Theorie, die nach Blumenberg »das vernünftige Arrangement mit der Vorläufigkeit der Vernunft« zum methodologischen Programm erhoben hat, gemeint ist die Rhetorik.[91]

Wir haben das Prinzip der Argumentation als bereichsspezifische, genauer: funktionsspezifische Übernahme eines allgemeinen, evolutionsgeschichtlich bewährten Prinzips bestimmt, Unvertrautes durch methodischen Anschluss an Vertrautes vertraut zu machen und so Komplexität zu reduzieren. Dieses Prinzip widerspricht der descartesschen Entkontextualisierung des Zweifels ebenso wie dem gleichermaßen entkontextualisierten Verdacht eines infiniten Regresses, der argumentative Geltungssicherung in bloße Geltungsverschiebung leerlaufen lassen müsste. Hier ist der Ort, noch an einen anderen Versuch zu erinnern, den Vernunftanspruch des Prinzips der Argumentation zu verteidigen, nämlich an den, das Prinzip der argumentativen Geltungssicherung versuchsweise auf das Prinzip selbst anzuwenden und nach »guten Gründen für eine Orientierung *an* guten Gründen« zu suchen.[92] Mit Apel, Kettner u.a. könnte man das den Versuch der »Selbsteinholung« einer Theorie nennen; geläufiger ist freilich für diesen Versuch der Begriff »Letztbegründung«.

Dass Letztbegründung gegen jeden kritizistischen Einwand für möglich gehalten wird, hat damit zu tun, dass sich dieser besonders von Apel methodisierte Versuch erst gar nicht auf ein kritizistisches Argumentationsverständnis einlässt, das in der Tat in die Aporie des infiniten Regresses führen muss, weil es Argumentation als deduktives Verfahren missdeutet, das seiner immanenten Logik entsprechend an kein Ende kommen kann. Wer diesem Missverständnis erliegt, kann die Frage nach der Letztbegründungschance von Geltungsansprüchen nur als Frage nach dem archimedischen Punkt letzter Gewissheit missverstehen, was ihn zugleich zum Eingeständnis ihrer Unbeantwortbarkeit nötigt. Die Pointe des apelschen Ansatzes ist es aber, die deduktionslogisch missverstandene Frage durch eine angemessenere Interpretation ihres Sinns zu retten und so methodisch beantwortbar zu machen, und zwar regress- und zirkelfrei. (A-BE, 18 f.) Apel hat für diese Strategie den Begriff »transzendentalpragmatisch« vorgeschlagen. Das macht Sinn, weil es bei dieser Fragestellung nicht um eine Letztbegründung im Sinne *deduktiv* letzter Gewissheitschancen geht, sondern um Letztbegründung im Sinne *reflexiv* letzter Gewissheitsfindung. Damit sind Gewissheiten gemeint, die sich nicht *durch* Argumente letztinstanzlich stützen lassen, sondern die *im* Argumentieren als dessen letzte Voraussetzungen immer schon unterstellt werden müssen, wenn überhaupt Argumentieren möglich sein soll

(»apriorisches Perfekt«). Weil wir als Argumentierende diese allgemeinsten Voraussetzungen möglichen Argumentierens ohne »pragmatischen« bzw. »performativen Widerspruch« nicht negieren können, haben sie nicht den Status bloßer Konventionen, sondern müssen als unhintergehbare »Präsuppositionen« des Argumentierens gelten. (A-BE, 19; A-DV, 352 ff.)

Zu solchen Präsuppositionen zählen neben den Regeln einer »Minimallogik«[93] u.a. auch die Regeln einer Minimalethik, z.B. die »Anerkennung aller möglichen Ansprüche aller Mitglieder der Kommunikationsgemeinschaft, die durch vernünftige Argumente gerechtfertigt werden können«, sowie die »Selbstverpflichtung, alle eigenen Ansprüche an andere durch Argumente zu rechtfertigen« (A-TP II, 424 f.). Beides impliziert die wechselseitige Anerkennung der Argumentierenden als zurechnungsfähige, gleichberechtigte und kooperationswillige Subjekte. Man könnte in diesen Regeln die Regeln des »Sprachspiels der Argumentation« wieder erkennen. (A-LE, 73) Doch – so bleibt abschließend zu fragen – macht die Unhintergehbarkeit der erwähnten Regeln das Sprachspiel der Argumentation bereits zu einem »Sprachspiel der Vernunft«?[94] Sicher, unhintergehbar sind die Regeln zwar, doch sie sind es selbstredend nur für die, die sich an diesem Sprachspiel beteiligen. Oder ist dieses Sprachspiel genauso alternativlos, wie seine Regeln es sind, sobald man sich auf dieses Sprachspiel eingelassen hat? So ist es! Jedenfalls wenn man Habermas' Argumentation folgen will: Wenn nämlich a) kommunikatives Handeln auf einer normativen Geltungsbasis beruht, die b) im Fall ihrer Problematisierung den »Diskurs« als reflexive Form der Fortsetzung verständigungsorientierten Handelns und als deren »virtuelles Prinzip« nötig macht, und wenn c) moderne Gesellschaften auf argumentative Verständigungspraxis zumindest in rudimentären Formen nicht mehr verzichten können – wenn das gilt, dann ist jede prinzipielle (nicht: jede strategische) Verweigerung bzw. Negation von Argumentation in der Tat eine »leere Demonstration« (H-MO, 110). »Leer« ist sie, weil sie in ihrer Konsequenz einer Selbstexklusion gleichkäme, die nicht nur eine elitäre soziokulturelle Lebensform, sondern die kommunikative Alltagspraxis schlechthin ausschließen müsste und nur die Robinsonade als fiktive Alternative anböte.

Wem außer der o.g. Drohung mit dem »performativen Widerspruch« auch der Vernünftigkeitsnachweis für das Prinzip der Argumentation noch nicht ausreicht, der erliegt dem Fehler, die in diesem Kapitel gesichteten »guten Gründe für eine Orientierung an guten Gründen« abstrakt für eine Praxis zu fordern, die diese Gründe gar nicht einfordern kann, weil sie deren Sinn überhaupt nicht zu verstehen vermag.

5. Zu den Voraussetzungen der Argumentation: Wann argumentiert man?

Von Voraussetzungen der Argumentation ist bisher schon öfter die Rede gewesen. Argumente – so wurde gesagt – sind nur nötig, wenn Geltungsansprüche situativ problematisiert werden, und sie sind nur möglich, wenn es Geltungsansprüche gibt, die als unstrittig unterstellt werden können. Neben diesen beiden Voraussetzungen gibt es freilich noch andere, die in diesem Kapitel systematisch aufgelistet und erläutert werden sollen. Ich ordne diese Voraussetzungen nach ihrem jeweiligen typologischen Charakter und unterscheide entsprechend zwischen situativen, methodologischen, personalen und soziokulturellen Voraussetzungen.

Legitimationskritische Bedenken gegen Geltungsansprüche nötigen – um es noch einmal in den habermasschen Kategorien zu formulieren – zum Wechsel vom »kommunikativen Handeln« in den »Diskurs« und damit vom informativen Reden über die Welt (Sachbezug) zum reflexiven Reden über die normativen Bedingungen des Redens über die Welt (Geltungsbezug). Dieser Wechsel bedeutet, dass in »Diskursen« im Prinzip keine andere »Währung« gilt als die des »diskursiven Austauschs« mithilfe von Argumenten. (H-EI, 386; H-FG, 54) Das heißt natürlich nicht, dass alle Redebeiträge an ihrer sprachlichen Oberfläche argumentative Strukturen aufweisen, wohl aber – und das ist ja Perelmans Grundthese –, dass in ihrer Tiefenstruktur alle Elemente eines »Diskurses« funktional eingebunden sind in ein komplexes argumentatives Netzwerk, das der methodischen Geltungssicherung von Geltungsansprüchen dient.

Der habermassche »Diskurs« ist kein linguistischer, sondern ein kommunikationstheoretischer bzw. -philosophischer Begriff; »Diskurs« stellt keine Kennzeichnung einer bestimmten Textsorte dar. Ohne auf eine Linguistik der Argumentation hier eingehen zu können[95], sei doch soviel angemerkt: Sowenig es argumentative (gar »konklusive«) Sprechhandlungen gibt, sondern nur Sprechhandlungen, die funktional argumentative Rollen übernehmen, sowenig gibt es argumentative Textsorten; allenfalls gibt es Textsorten wie Debattenbeitrag, Rezension, forensisches Plädoyer, wissenschaftlicher Aufsatz usw., mit denen wir das Merkmal »argumentativ« intuitiv verbinden. Doch dieses Merkmal reicht erkennbar zu ihrer typologischen Charakterisierung nicht aus (sonst gäbe es nicht so viele einschlägige Textsorten). »Argumentation« ist vielmehr der Name eines abstrakten »Musters« möglicher Textbildung, in dem sich die Ordnungsbeziehungen zwischen den verschiedenen Textelementen als einheitsstiftende »Superstruktur« abbilden lassen.[96] Insofern textkonstituierende Superstrukturen ihre Ordnungsmuster den primären Systemen der Sprache gleichsam überwerfen, kann man auch vom sekundären Charakter solcher Superstrukturen reden und sie nach dem Medium unterscheiden, in dem sie sich realisieren (phonologisch, semantisch, pragmatisch usw.). »Argumentation« ist eine solche, als pragmatisch spezifizierbare Superstruktur, die, obwohl hochkomplex, zugleich flexibel genug ist, um ihr Ordnungsmuster ohne Schwierigkeit in verschiedenen Textsorten realisieren zu können. Entsprechend dieser Realisierung kann »Argumentation« sowohl konstitutives Textmerkmal sein (wissenschaftlicher Vortrag) als auch bloß phasenweise die Struktur von Textsorten bestimmen (Tratsch) und insofern textsortenkontingent bleiben.[97]

Argumentation als reflexive Redeform ist ein voraussetzungsreicher Akt. Mit ihm wird nicht nur vom Sachbezug der Rede auf deren Geltungsbezug umgestellt, wodurch aus einem informativen Reden über die Welt ein Reden über die Geltungsbedingungen dieses Redens wird. Ein solcher Wechsel zum »Diskurs« kann nur gelingen, wenn alle Diskursteilnehmer sich auf das einlassen, was man in Anlehnung an Habermas »Virtualisierung von Geltungsansprüchen« nennen kann. (H-WT, 122 ff.) Damit ist gemeint: Ein »Diskurs« nötigt zur Thematisierung bzw. Explikation dessen, was im »kommunikativen Handeln« implizit bleiben muss (und darf), soll informatives Reden überhaupt möglich sein. Diese Explikation des immer schon Implizierten nötigt erkennbar zu einem im wörtlichen Sinne höchst reflexiven Kommunikationsverhalten, in dem Kommunikation sich ganz auf sich selbst und ihre Geltungsbasis bezieht und sich zugleich ihrer Störanfälligkeit und Verletzbarkeit bewusst wird. Mit Bezug auf Luhmann ließe sich diese Form einer reflexiven Kommunikation, wie Argumentation sie darstellt, auch als »Beobachtung zweiter Ordnung« bezeichnen, bei der man beobachten kann, »wie jemand beobachtet, der ›Ist-Behauptungen‹ mit Wahrheits- oder Unwahrheitsindex versieht« (L-GG, 904 f., 339 ff.).

Doch die durch »Beobachtungen zweiter Ordnung« ermöglichte Virtualisierung von Geltungsansprüchen meint nicht nur Explizieren und Thematisieren impliziter Geltungsansprüche; »Virtualisierung« meint deren Hypothetisierung, meint auch einen Geltungsvorbehalt, bis eine überzeugungskräftige Einlösung der problematisierten Geltungsansprüche gelungen ist. Ein Geltungsvorbehalt bedingt nicht nur entsprechende personale Kompetenzen und günstige Rahmenbedingungen, er hat auch soziale Folgen (zumindest außerhalb akademischer Reflexionsenklaven), die mit dem Begriff »Handlungsunterbrechung« bereits angedeutet worden sind. Die Virtualisierung von Geltungsansprüchen ist eben nur möglich unter der Bedingung der »Virtualisierung von Handlungszwängen« (H-WT, 122ff.), d.h.: unter der Bedingung der Freisetzung von situativen Handlungsimperativen. Eine solche Freisetzung ist aber nicht nur eine Chance, insofern sie die Verständigungsbedingungen möglichen Handelns reflexiv einzuholen erlaubt; sie ist auch riskant, weil kein soziales System sich ständig Handlungsunterbrechungen leisten kann (was u.a. Descartes zur temporären Konzession einer »provisorischen Moral« genötigt hat[98]). Es empfiehlt sich, mit Blick auf den »Diskurs« auch vom »Dissensrisiko« zu reden[99], um anzudeuten, warum Menschen nicht so ohne weiteres Problematisierungen vornehmen.

In diesem Zusammenhang wird auch eine zunächst überraschende Warnung des so diskussionsfreundlichen Aristoteles verständlich. Man soll, so seine durchaus als Diskursbegrenzungsregel gemeinte Empfehlung, nicht über alles und nicht mit jedem diskutieren.[100] Wer das tut, unterschätzt nach Aristoteles offensichtlich entweder das Dissensrisiko oder lässt sich auf Probleme ein, die persönlich von Gewicht sein mögen, denen aber jede öffentliche Relevanz abgeht. Ein solches Kriterium dürfte zumindest ein pragmatisches Selektionskriterium sein, weil es die öffentliche Relevanz von Problemen an deren öffentlicher Resonanz abliest, d.h. an der Zahl derer, die von ihm betroffen sind und die deshalb in einen argumentativ gestützten Problemlösungsversuch auch einbezogen werden müssten.

Insofern reicht auch der bisher genannte Problemstatus eines Geltungsanspruchs, der seine legitimationskritische Anfechtung widerspiegelt, in der Regel nicht, um die Bereitschaft zu wecken, sich auf eine Argumentation einzulassen. Problematisieren allein schafft noch keine sozial relevanten Problemlagen, sowenig wie der abstrakte Zweifel existenziell relevante Problemlagen schafft. Was hinzukommen muss, das nenne ich den situativen Problemdruck. Erst dieser Problemdruck macht aus Problemen öffentliche Problemlagen, die eine angemessene Lösung einklagen; und sie klagen sie ein, weil von ihrer Lösung die Fortsetzung kooperativer Handlungschancen abhängt. Der jeweilige Problemdruck drückt dementsprechend den Grad an Störung aus, den eine Problemlage für die soziale Existenz von Subjekten darstellt. Damit wird der Problemdruck ein allgemeines Maß für den *situativen* Argumentationsbedarf.

Trotz der wachsenden Hochschätzung des »symbolischen Kapitals« (Pierre Bourdieu) »Argumentation« sollte man sich davor hüten, diese anspruchsvolle Form einer Konfliktaustragung zu überschätzen und zu überanstrengen. Dies empfiehlt sich auch hinsichtlich der *methodologischen* Voraussetzung möglichen Argumentierens; denn Argumentation ist ja als Verfahren mittelbarer Geltungssicherung elementar angewiesen auf Geltungsansprüche, deren Legitimität als unproblematisch gelten muss. Eine Geltungssicherung aber, die methodologisch immer wieder bewusst macht, dass sie mehr Gewissheiten voraussetzen muss, als sie ihrerseits sichern kann, ist gut beraten, nicht allzu leichtfertig die Verlässlichkeit ihrer Voraussetzungen zu testen. Das erklärt wohl auch die gelegentliche Scheu von Gruppen, Parteien, Personen usw. vor Grundsatzdebatten, sobald sie Handlungszwängen unterliegen. Das Dauerthema Abtreibung ist ein lehrreiches Beispiel dafür, dass Kooperation – etwa in der gesetzlich verlangten Beratungspraxis – nur so lange einigermaßen gelingt, wie die mangelnde inhaltliche Übereinstimmung über den Sinn der Beratung nicht thematisiert werden muss. Ähnliches gilt auch für den nachhaltigen Erfolg der ökologischen Bewegung und die Konjunktur des Begriffs »Schöpfung«, was angesichts durchgreifender Säkularisierungstendenzen nur dann irritierend sein müsste, wenn sich in diesem Begriff die ideologische Übereinstimmung einer Weltinterpretation als Schöpfung Gottes ausdrücken würde.

Diese Beispiele bestätigen, was für die Lebenswelt als den allgemeinsten Vertrautheitshintergrund unserer Existenz allgemein gilt: Sie fungiert am wirksamsten, wenn sie latent bleiben darf und nicht auf der Vorderbühne ihre Leistungskraft als argumentative Plausibilitätsressource unter Beweis stellen muss. Man kann es mithilfe der u.a. von Giegel vorgeschlagenen typologischen Differenzierung des Konjunkturbegriffs »Konsens« auch so sagen: Es ist riskant, den »Hintergrundkonsens« allzu intensiv zu nötigen, sich in die anspruchsvolle Form eines »Argumentationskonsenses« zu verwandeln.[101] Die Scheu vor dem allzu forschen Dauertest, was die normativen Grundlagen der Gesellschaft angeht, nannte Nietzsche »ein Zeichen hoher Kultur«, die es »verlange, viele Dinge unerklärt stehen zu lassen«. Sowenig nämlich Subjekte in der Regel von Kopf bis Fuß auf Argumente eingestellt sind, sowenig lässt sich Gesellschaft als eine Erfindung zur Institutionalisierung von Dauerreflexion angemessen begreifen.[102] Wenn aber tendenziell stimmt, was im ersten Kapitel über die zunehmende Optionalisierung moderner Gesellschaften gesagt wurde, dann wird die Frage dringlich, was denn modernen Gesellschaften ihre Stabilität gibt, die weder durch einen breiten materialen Konsens zusammengehalten werden noch der blauäugigen Annahme erliegen dürfen, bei Bedarf jederzeit genügend Plausibilitätsressourcen zur Verfügung zu haben, um den gesellschaftlichen Verständigungsbedarf befriedigen zu können.

Die Antworten auf diese Frage, die hier nur angerissen werden können, hängen von den jeweils zugrunde liegenden Gesellschaftstheorien ab. Dass es Theorien, die wie die habermassche auf Verständigung als sozialen Integrationsmechanismus (»kommunikative Vergesellschaftung«) setzen, besonders schwer haben dürften, liegt auf der Hand, selbst wenn Verständigung so undogmatisch definiert wird wie im Konzept der »kommunikativen Vernunft«. (H-FG, 17 ff., 24 ff.) Entsprechend gibt Habermas auch zu, dass argumentative Verständigung als anspruchsvollste Integrationsform eine »von Hause aus zweischneidige« Sache ist und bleibt: Sie kann »Überzeugungen sowohl befestigen wie erschüttern. Mit [ihr] [...] dringt die der Sprache [...] innewohnende Spannung zwischen Faktizität und Geltung in die Gesellschaft ein. Deren soziale Integration ist, soweit sie sich auf Überzeugungen stützt, anfällig für den destabilisierenden Effekt entwertender Gründe.« (H-FG, 54) Historisch ist das überprüfbar an der Entwertung ganzer Begründungssysteme, wie sie die Metaphysik, die Religion etc. bereithielten.

Leichter haben es dagegen Theorien, die auf das modernitätsspezifische Konsensparadox anders reagieren, insofern sie – statt auf Verständigung oder Konsens – auf »Verständigung [...] ohne Konsens« [103] bzw. auf »nicht überzeugte Verständigung« (L-BE, 194, 202) setzen oder sich ganz von der Denktradition eines Emile Durkheim verabschieden und im Dissens selbst einen möglichen Integrationsmechanismus für moderne, polyzentrische Gesellschaften erkennen. Das macht durchaus Sinn, wenn denn in funktional differenzierten modernen Gesellschaften die Eigenlogik der jeweiligen Subsysteme intersystemische Abstimmung nur noch erwartbar macht »in Form von *differenten, aber kompatiblen* teilsystemspezifischen Anschlußmöglichkeiten«, d.h.: als »Interessenkonsens« ohne einen »generellen Orientierungskonsens« [104]. Die u.a. durch Georg Picht und seine einflussreiche Publikation *Die deutsche Bildungskatastrophe* (1964) seinerzeit ausgelöste Bildungsoffensive in Deutschland dürfte neben den o.g. Hinweisen ein weiteres instruktives Beispiel für eine mögliche und in diesem Fall äußerst effiziente Kooperation bzw. Koordination von Interessen sein, die sich trotz ihrer heterogenen

Motivation doch wechselseitig zum eigenen Nutzen zu instrumentalisieren vermochten.

Bisher sind zwei Voraussetzungen genannt worden, ohne die Argumentationen weder nötig noch möglich sind, nämlich situativer Problemdruck und ausreichende Plausibilitätsressourcen. Die zuletzt genannte methodologische Voraussetzung lässt sich auch kompetenztheoretisch reformulieren: Argumentierenkönnen heißt in methodologischer Sicht Anschließenkönnen an vertraute Überzeugungen, wodurch Geltungsbeziehungen freigelegt werden, die sich für argumentative Geltungssicherungen systematisch nutzen lassen. Solche Geltungsbeziehungen zu kennen bzw. gegebenenfalls auffinden zu können bedeutet, Problemlagen rational bewältigen zu können. Doch wie – so ist jetzt zu fragen – erwirbt man solche Kompetenzen? Damit kommen die argumentierenden Subjekte in den Blick, ohne die es Argumentationen selbstredend sowenig gibt wie Problemlagen, die sie zu bewältigen versuchen. Ich habe diese weitere Voraussetzung möglicher Argumentation bereits als *personal* spezifiziert und kann sie jetzt genauer definieren: Argumentation ist nur möglich, wenn Subjekte argumentationsfähig sind.

Argumentationsfähigkeit meint eine Kompetenz, deren Ansprüche sich aus dem Virtualisierungszwang ergeben, dem alle Geltungsansprüche unterliegen, sobald sie Thema des »Diskurses« werden. Solche Thematisierung impliziert nämlich einen Geltungsvorbehalt, der seinerseits zu einer Hypothetisierung bisher unterstellter Geltungsansprüche nötigt, bis ihre Legitimität überzeugungskräftig eingelöst ist. Hypothetisierung aber ist eine Operation, deren kompetente Beherrschung ebenso an eine bestimmte ontogenetische Entwicklungsstufe gebunden ist wie die komplexe Operation der methodischen Geltungseinlösung selbst. Daher wundert es nicht, dass entsprechende empirische Studien von Piaget, Kohlberg, Miller u.a. zur Ontogenese argumentativer Fähigkeiten starke Belege dafür erbracht haben, dass a) die argumentative Kompetenz Teilkompetenz eines umfassenden Kompetenzprofils ist, das seinerseits b) entwicklungslogisch rekonstruierbar und in Form eines invarianten und irreversiblen Sequenzmusters abbildbar ist, innerhalb dessen c) die individuelle Argumentationsfähigkeit unterschiedliche Argumentationsniveaus erreicht, die jeweils unterschiedliche Autonomiegrade persönlicher Urteilsbildung repräsentieren.[105]

Natürlich hängen das Entwicklungstempo der argumentativen Kompetenz wie das aller anderen und ihr Ausbildungsgrad auch von günstigen sozialen Rahmenbedingungen ab. Wer nicht argumentieren muss, um sich sozial zu behaupten, weil er mächtig genug ist, um befehlen zu können, oder wer umgekehrt zu schwach ist, um einen anderen zum Zuhören nötigen zu können, der wird schwerlich eine entsprechende argumentative Kompetenz ausbilden. Auch wird sich unter solchen Bedingungen keine Einstellung bilden, die ich in Ergänzung zur und in Abgrenzung von Argumentationsfähigkeit als »Argumentationsbereitschaft« spezifiziere. Im Vergleich zur Argumentationsfähigkeit ist sie von ungleich größerem theoretischem Interesse. Ihr motivationales Fundament kommt zwar aus mit der Bejahung eines sozialen Zwangs zur Argumentation als einzig lizensiertes Mittel der Konfliktlösung; doch substanzieller ist ein Wille zur Argumentation, der sich der Erfahrung dessen verdankt, was von Aristoteles bis zur modernen Sozialpsychologie als »Leistungsvorteil der Gruppe« (Peter Hofstätter) gerühmt wird: Er besteht im Rationalitätsvorteil der Gruppe aufgrund eines erweiterten Deliberations- und Argumentationspotenzials. Wer nie die Erfahrung machen konnte oder durfte, welchen (auch persönlichen) Gewinn eine »gemeinsame Verständigungsarbeit« (koinon ergon)[106] darstellt, dem wird ein intrinsisch motivierter Wille zur Argumentation ebenso fremd bleiben wie die Bereitschaft, sich durch Argumente überzeugen zu lassen, was gleichfalls konstitutiv zur Argumentationsbereitschaft gehört.

Der Wille zur Argumentation kann freilich, selbst wenn er prinzipiell vorhanden ist, selektiv negiert werden, z.B. bestimmten Personen oder Gruppen gegenüber, denen der Status des möglichen Argumentationspartners abgesprochen wird. Ich erinnere etwa an Gudrun Ensslins schlimmen Satz, mit dem sie stellvertretend für viele ihrer Gesinnungsgenossen bereits 1967 die Verweigerung der Argumentationsbereitschaft gegenüber einer ganzen Generation folgenreich begründete und einen fatalen Kommunikationsabbruch einleitete, der konsequent in die »bewaffnete Heilslehre« (G. Schmidtchen) des Terrorismus führte: »Dies ist die Generation von Auschwitz – mit denen argumentiert man nicht. Wo kriegen wir Waffen her?«[107]

Dieser Satz ist in mehrfacher Hinsicht aufschlussreich; in unserem Reflexionszusammenhang sei nur Folgendes angemerkt: Der Satz enthält – zumindest in seiner Tiefenstruktur – erkennbar ein bestimmtes Argument, das den Argumentationsabbruch legitimieren soll: Auschwitz. Dass »Auschwitz« das kann, dass es die paradoxale Rolle eines die Argumentationsverweigerung legitimierenden Arguments übernehmen kann, das ist kein Zufall, wie man spätestens seit Martin Walsers berühmter Paulskirchenrede vom Oktober 1998 wissen kann. »Auschwitz«, so Walser, steht in Deutschland (spätestens seit 1967) als »Moralkeule« jederzeit zur Verfügung, um eine öffentliche Diskussion nach Belieben zu ersticken; denn »Auschwitz« ist ein Argument, mit dem das Grundprinzip argumentativer Rationalität (zumindest in Deutschland) radikal suspendiert werden kann, das da heißt: Es gibt kein Argument, mit dem sich das Verbot des Widerredens legitimieren ließe. »Auschwitz« kann es! Und genau das macht es laut Walser für »Instrumentalisierungen« jeder Art so anfällig. Man kann sich und seine Position mit

Auschwitz als Argument gegen Widerreden immunisieren und so zum eigenen Nutzen *mit* einem Argument *gegen* weiteres Argumentieren argumentieren.

Was man auch immer gegen Walsers Rede sagen kann – und es lässt sich viel dagegen sagen –, als beispielhafter Hinweis auf eine heimliche Gefährdung der freien Rede mit den Mitteln der freien Rede ist sie äußerst lehrreich.[108] Man kann – so transformiere ich Walsers These für mein Frageinteresse – die strukturelle Zwanglosigkeit der Argumentationssituation auch dadurch missbrauchen, dass man Zwänge in sie einschleust, die nicht den Charakter des »zwanglosen Zwangs« argumentativer Überzeugungskraft besitzen, sondern einschüchternd wirken, indem sie jedes weitere Redenwollen ins Unrecht setzen. Die implizite Entmündigung, die diese argumentationsfeindliche Argumentationsstrategie betreibt, ist es wohl, die Walsers Zorn gegen diejenigen erklärt, die sich ihrer so gern bedienen.

Der spezifische Charakter einer solchen argumentationsfeindlichen Argumentationsstrategie ist leicht erkennbar und mit dem Wort »Moralkeule« auch schon von Walser gekennzeichnet: Nur mit moralischen Argumenten gelingt diese Strategie. Sie gelingt so leicht, weil man gegen Moral nicht argumentieren kann. Und man kann gegen Moral nicht argumentieren, weil man sofort in »Bindungsfallen« gerät, die Moral gelegt hat, indem sie (und nur sie) ohne Paradoxieverdacht ihren Code selbstreferenziell verwenden kann. Sie tut so, als sei Moral selbst gut, während Moral doch auch bloß einen bestimmten Code anbietet, dessen Wertprädikate gemäß der Unterscheidung zwischen Gut und Böse binarisiert sind. (L-ÖK, 237 ff.) Entsprechend setzt sich jede Kritik an moralischen Argumentationen – der Kosovo-Krieg lieferte dafür erhellende Beispiele – dem gefährlichen Verdacht fehlender Moralität aus, selbst wenn solche Kritik nur die problemspezifische Relevanz moralischer Argumente kritisieren will.

Das Geheimnis der Macht moralischer Argumentation ist nicht argumentationsspezifischer, sondern moralspezifischer Natur. Das schmälert aber weder die Macht der Argumente, die sich der Moral bedienen, noch gar die Macht derer, die mit moralischen Argumenten Diskursgewinne zu erzielen hoffen. Wer anderen ein schlechtes Gewissen aufnötigen kann, hat es mit dem seinen in der Regel leichter, weil er sich zum Gewissen der anderen macht. »Gewissenswart« nannte das Walser. Überraschen kann also die prominente Rolle nicht, die moralische Argumente in öffentlichen Diskursen zu spielen pflegen. Deren Rolle ließ Hermann Lübbe den Begriff »politischer Moralismus« prägen, womit er zugleich eine der »notwendigen Bedingungen des Terrorismus« glaubte bestimmen zu können. Seinen einschlägigen Überlegungen entnehme ich die Erinnerung an eine bitterböse, seinerzeit gegen Helmut Schmidt gerichtete Aussage Lafontaines, dass man mit Sekundärtugenden wie Ordnung, Sauberkeit, Fleiß, Disziplin usw. auch ein KZ leiten könne.[109] Es sind nicht alle so geistesgegenwärtig wie Schmidt, der dieser argumentativen Falle mit der Replik entging, dass man aber sicher solche Sekundärtugenden brauche, um ein KZ zu befreien.

Argumentationsbereitschaft – das sollte verdeutlicht werden – ist nur dann eine Gewähr dafür, dass Argumentation ihre Rationalität zur Geltung bringen kann, wenn Argumentationsbereitschaft nicht bloß strategisch prätendiert wird, um Argumentation sanktionsfrei zu verhindern. Gottlob sind solche Strategien formal relativ leicht erkennbar.[110] Hier sei noch eine letzte Voraussetzung möglichen Argumentierens genannt, die bereits erwähnt wurde, als die Entwicklung personaler Argumentationsfähigkeit wie -bereitschaft von entsprechenden Rahmenbedingungen abhängig gemacht wurde. Um ebendiese bereits als *soziokulturell* spezifizierten Rahmenbedingungen geht es hier:

Argumentation ist nur nötig, wenn es eine soziokulturelle Nötigung zum Argumentieren gibt, weil andere Formen sozialer Selbstbehauptung und Konfliktregelung den Gesellschaftsmitgliedern faktisch nicht zur Verfügung stehen. Argumentation ist somit regelhaft nur unter Bedingungen zu erwarten, die Gesellschaftsmitglieder nötigen können, allein durch den »zwanglosen Zwang« zwingender Gründe aufeinander einzuwirken. »Die Sollbruchstelle des Nein-sagen-Könnens besiegelt die endliche Freiheit derer, die immer dann, wenn nicht schiere Gewalt eingesetzt werden soll, überzeugt werden müssen.« (H-FG, 394)

Solcher Zwang zum argumentativen Zwang lässt sich sicher auch als Ausdruck und Erfolg einer öffentlichen Argumentationskultur einschätzen, insofern sie den öffentlichen Umgang zwischen Freien und Gleichen normiert. Doch der soziokulturelle Nötigungscharakter dieser Argumentationskultur sollte davor schützen, das »freie Spiel motivierender Gründe« (H-FG, 56) allzu sehr zu idealisieren oder rationalistisch zu überhöhen; dieses »Spiel« ist nämlich nicht ganz so »frei«, wie es auf den ersten Blick zu sein scheint, weshalb sich Argumentationsverweigerung auch nicht ohne weiteres für moralische Entrüstung eignet. Wenn gilt, was über den riskanten Charakter der kommunikativen Vergesellschaftung gesagt worden ist, dann gibt es gute Gründe dafür, dass der Wille zur Argumentation in der Regel einer Nötigung von außen bedarf. Das trifft erst recht zu, wenn man bedenkt, dass Meinungen, selbst wenn sie argumentativ als unhaltbar gelten, damit nicht zugleich ihre existenzielle Bedeutung für Subjekte verlieren, die sich mit diesen Meinungen die Welt sinnhaft verstehbar gemacht haben. Wäre es anders, bliebe unbegriffen, warum man Meinungen »lieb gewinnen« kann oder worauf die Rede vom »notwendig falschen« bzw. »richtigen falschen Bewusstsein« insistiert[111], dass es nämlich Meinungen gibt (vielleicht ist das sogar der Regelfall), die sich nicht so sehr durch ihre rationale Begründbarkeit empfehlen als durch den Nutzen, den sie denen verschaffen, die diese Meinungen haben bzw. die sie sich gemacht haben. Hier wäre auch die Quelle für das zu suchen, was man als Angst vorm Argumentieren bezeichnen könnte und womit man bloß psychologisch reformulieren würde, was oben mit methodologischem Fokus als Gefahr eines infiniten Regresses behauptet wurde: Wir sind nicht so reich ausgestattet, dass wir allzu leichtfertig mit unseren tragenden Gewissheiten umgehen könnten. Dass solche Risikoscheu sogar dort waltet, wo man sie zunächst am wenigsten vermuten würde, nämlich in der Wissenschaft, dürfte für eine wissenschaftshistorisch belehrte Wissenschaftstheorie mittlerweile unstrittig sein.[112]

Doch richtig bleibt auch, dass die soziale Nötigung, selbst wenn sie subjektiv als Zwang erfahren werden sollte, die Freiheit von Subjekten sichert. Eine Gesellschaft, die ihre Mitglieder zum Argumentieren nötigt, gibt ihnen zugleich damit die Freiheit, Argumente als nicht überzeugend abzulehnen. Dass unter Bedingungen des Argumentierenmüssens freilich das Argumentierenkönnen auch zu einer neuen subtilen Ressource sozialer Macht werden kann, ist damit nicht ausgeschlossen, sondern gehört zur Dialektik einer sozialen Evolution, die damit noch nicht zur bloßen Evolutionsgeschichte von Machtmitteln wird.

Aktueller freilich als die gesellschaftspolitischen Versuche, den Zwang zum Argumentieren innergesellschaftlich auf immer mehr Bereiche auszudehnen (z.B. Kindererziehung), ist die seit der KSZE-Konferenz von Helsinki 1975 beobachtbare politische Tendenz, die Nötigung zum Argumentieren sogar auf den Verkehr zwischen (scheinbar) souveränen Staaten auszuweiten, um so »der Idee einer menschenrechtlichen Domestizierung des Naturzustandes zwischen den Staaten« zum Durchbruch zu verhelfen.[113] Beispielhaft war das am Kosovo-Krieg ablesbar, der ja – gemäß seiner offiziellen Legitimation – dem Belgrader Regime die politische Gesprächsbereitschaft abtrotzen sollte. Wie auch immer man diesen tentativen Wechsel von der völkerrechtlich geschützten Souveränität der Staaten zu ihrer menschenrechtlich orientierten Legitimationspflicht einschätzen mag (Haager Tribunal), als gleichfalls tentative Deutung bietet sich vorerst an: Dieser Wechsel wird mit der Ausweitung von Legitimationspflichten über nationale Souveränitätsgrenzen hinweg ebenso zu einer Zunahme des internationalen Argumentationsbedarfs führen, wie die o.g. optionale Aufweichung traditioneller Orientierungsmuster den innergesellschaftlichen Argumentationsbedarf exponentiell hat anwachsen lassen.

6. Zur Typologie der Argumentation: Wie lassen sich Argumente systematisieren?

Wir haben bisher sehr allgemein von Argumenten bzw. Argumentationen gesprochen. Doch in der argumentativen Praxis gibt es keine allgemeinen Argumente, sondern nur ganz konkrete, z.B. ethische, rechtliche, ästhetische. Nur als solchermaßen konkretisierte können Argumente überhaupt Überzeugungskraft entwickeln, weil ihnen nur so das Recht, die Moral, die Ästhetik usw. als Plausibilitätsressourcen zur Verfügung stehen. Die beispielhaft zitierten Konkretionen von Argumenten sind Konkretionen nach ihrer bereichsspezifischen Materialität. Das ist nicht das einzig mögliche Typologisierungskriterium; andere Kriterien sind denkbar und durchaus auch üblich. Von drei Typologisierungskriterien soll im Folgenden etwas genauer die Rede sein, von dem funktions- bzw. rollenspezifischen, von dem bereichs- bzw. problemspezifischen und von dem formspezifischen Kriterium.

Bei der Erläuterung der argumentativen Grundformel »p gilt, weil q gilt« ist bereits vermerkt worden, dass q als Platzhalter für Aussagen steht, die aufgrund unterstellter Geltungsbeziehungen zwischen p und q in der Lage sein sollen, den problematisierten Geltungsanspruch von p überzeugungskräftig einzulösen. Die verschiedenen Rollen, die Aussagen spielen können, wenn sie die Funktion eines Arguments q für p übernehmen, lassen sich mithilfe des toulminschen Schemas einigermaßen differenziert darstellen. Ich will die entsprechenden Rollen kurz beispielhaft erläutern, wobei sich natürlich Parallelen zu der bereits rekonstruierten argumentativen Grundformel ergeben werden.

Auf die im zweiten Kapitel zitierte legitimationskritische Frage an A, woher er denn wissen könne, dass Erwin am nächsten Tag vorbeikomme, haben wir A mit dem Argument antworten lassen, dass Erwin eben angerufen habe. In Anlehnung an Toulmin kann man die spezifische Rolle von Aussagen, mit denen die Behauptung von Aussagen wie »Erwin will schon morgen vorbeikommen« durch die Angabe informativer Daten wie »Er hat eben angerufen« gestützt werden soll, als »data« (= D) bezeichnen. Selbst wenn der Wahrheitsanspruch von D nicht weiter angezweifelt wird, kann die bloße Tatsache, dass Erwin angerufen hat, gleichwohl erst dann die Funktion einer möglichen argumentativen Stützung der Aussage von A übernehmen, wenn zugleich unterstellt wird, dass man sich auf Erwins Versprechungen absolut verlassen kann bzw. dass Erwin absolut verlässlich ist. Toulmin nennt diese in unserem Beispiel nicht explizierte, aber implizit notwendig zu unterstellende allgemeine Annahme gemäß ihrer operativen Rolle in der Argumentation »warrant« (= W); W deshalb, weil sie den »Übergang« (step) von der stützenden Aussage zu der zu stützenden Aussage überhaupt erst operativ ermöglicht bzw. regelt. D wird eben nur aufgrund von W ein mögliches Argument für As Behauptung. Insofern übernimmt W die Rolle eines »Garanten«, sich bei der Stützung dieser Behauptung auf D argumentativ berufen zu dürfen. Wird W seinerseits problematisiert, so muss dessen Gültigkeit verteidigt werden; etwa dadurch, dass Beispiele aufgezählt werden, die die Gültigkeit dieser allgemeinen Regel zu rechtfertigen in der Lage sind, was in diesem Fall meint: die Erwins Verlässlichkeit belegen können. Solche Beispiele für Erwins Verlässlichkeit enthalten zwar auch empirische Informationen wie D; dennoch ist ihre Rolle eine ganz andere. Während die informativen Angaben in der Rolle von D den Anschluss an eine allgemeine Regel W herstellen sollen, ist ihre Funktion im anderen Fall, diese allgemeine Regel W gleichsam induktiv durch einschlägige Belege zu stützen. Darum nennt Toulmin diese Rolle auch »backing« (= B): W gilt wegen B. Dass singuläre Tatsachen, und sei ihre Anzahl noch so groß, die Gültigkeit eines allgemeinen Prinzips nicht stringent zu stützen vermögen, ist aus der Praxis nomologischer Hypothesenbildung als Induktionsproblem bekannt. Natürlich kann durch induktive Verallgemeinerung, wie sie mithilfe von Beispielen in der Rolle von B versucht wird, allenfalls die Plausibilität von W »gestützt« werden. Doch mehr als Plausibilitäten von Argumentationen zu erwarten heißt nur, den Sinn von Argumentationen zu verfehlen.

Verallgemeinerung durch Induktion ist freilich ein »Brückenprinzip« (H-WT, 167), mit dem sich nur empirische Regelmäßigkeiten hinsichtlich ihrer behaupteten Gültigkeit sichern lassen, nicht aber die Gültigkeit handlungsleitender Normen; denn normative Gültigkeit meint ja nicht bloß die Ratifikation faktisch existenter Handlungsorientierungen bzw. deren regelmäßige Beachtung, sondern den vernünftig einlösbaren Anspruch auf legitime Existenz.[114] Das Prinzip, das die Kluft zwischen der bloßen Faktizität einer Handlungsnorm und ihrer Legitimität »überbrückt«, heißt »Universalisierung«: Normen gelten als legitim, wenn sie sich als Ausdruck eines allgemeinen oder verallgemeinerbaren Willens verstehen lassen. (H-WT, 166 f.) Dieses Universalisierungsprinzip ist theoriegeschichtlich der Versuch, den kantschen kategorischen Imperativ »prozedural zu reinterpretieren« (H-MO 73, 77).

Zurück zu unserem fiktiven Beispiel, in dem es ja nicht um den legitimationskritischen Universalisierungstest einer Handlungsnorm geht, sondern um den induktionsanalogen Generalisierungstest eines Verhaltensprinzips (Erwins Verlässlichkeit).

Dieses Prinzip soll nach dem bisher Gesagten operativ die Rolle von W in einer entsprechenden Argumentation spielen, um so den Übergang von D nach C zu ermöglichen. Mit »C« für »conclusion« markiert Toulmin das vermittels dieser argumentativen Operation gesicherte und akzeptierte Ergebnis. Zugleich steht C aber auch für »claim«, d.h. für eine Behauptung, deren Geltungsproblematisierung überhaupt erst den Versuch einer argumentativen Geltungssicherung nötig macht. Diese Markierungsidentität verwischt die prinzipielle Differenz einer Aussage in ihrer Rolle als »claim« und »conclusion«. Während sie als »claim« nach einer Geltungssicherung für ihren Geltungsanspruch verlangt, behauptet sie als »conclusion«, aufgrund ebendieser methodisch erfolgten Geltungssicherung ihren Geltungsanspruch legitim erheben zu können. Um diese Rollendifferenz auch im toulminschen Schema begrifflich genauer abbilden zu können, unterscheide ich zwischen K (conclusion) und C (claim).

Der Grad, in dem W den Übergang von D nach K legitimiert, kann durch die Modalisierung von K explizit angezeigt werden. Das ist bei Toulmin die Funktion des Modaloperators O, der sprachlich etwa durch Ausdrücke wie »ganz sicher«, »ziemlich sicher«, »vermutlich« repräsentiert werden kann. Von der Modalisierung von K unterscheidet Toulmin schließlich noch die Angabe von Fällen, die als »rebuttal« bzw. als Ausnahmebedingungen (= RE) von der beanspruchten Regel nicht berücksichtigt werden und sie entsprechend auch nicht in ihrer Gültigkeit beeinträchtigen können. Als solche RE könnten in unserem Fallbeispiel Krankheiten oder höhere Gewalt fungieren, die Erwins Verlässlichkeit natürlich nicht zu unterhöhlen vermögen.

Die bisher erläuterten Rollen, die Aussagen als Argumente spielen können, fasse ich im Folgenden formal zusammen: C = (O)K, weil D wegen W aufgrund von B (außer wenn RE).

Das in dieser Formel zusammengefasste System aller relevanten Rollen, die Aussagen als argumentative Funktionsträger spielen können, ist ein idealtypisches, konkret vielfach variierbares, sowohl reduzierbares wie rekursiv erweiterbares, allgemeines Rollenmuster einer Argumentation, das ungeachtet der jeweiligen Bereichsabhängigkeit der verhandelten Probleme, ihrer Plausibilitätsressourcen und -kriterien immer dann zur Anwendung kommt, wenn es um methodische Geltungssicherung geht.

Der Gewinn eines solchen Rollenmusters ist leicht erkennbar: Es stellt ein Repertoire von Kategorien bereit, mit dessen Hilfe sich zum einen die komplexe Struktur einer Argumentation einigermaßen angemessen abbilden lässt und zum anderen das komplexe Gefüge einer konkreten Argumentation systematisch durchsichtig zu machen ist, weil die in einer Argumentation vernetzten Aussagen nach ihren jeweiligen Rollen differenzierbar werden. Der Versuch, Argumentation solchermaßen durch eine Rollendifferenzierung der in ihr funktionalisierten Aussagen zu rekonstruieren, ist freilich nicht neu[115], was seinerzeit kaum bemerkt wurde; auch von Toulmin nicht, der erst später[116] der systematischen Vergessensgeschichte der Rhetorik auf die Spur gekommen ist, zu der auch die Vorgeschichte seines so hoch geschätzten und vielfach genutzten Schemas gehört. Alle diese Schemata bilden natürlich nicht die explizite Prozessdynamik einer Argumentation ab, sondern deren implizite »Logik« (Toulmin), nämlich das System der komplexen Geltungsbeziehungen zwischen den argumentativ funktionalisierten Aussagen, aufgrund deren es gegebenenfalls gelingt, den Geltungsanspruch einer Aussage überzeugungskräftig zu stützen.

Nietzsches Satz aus seinem Nachlass, dass es »keine moralischen Phänomene gibt, sondern nur eine moralische Interpretation dieser Phänomene«, und dass diese »Interpretation selbst außermoralischen Ursprungs ist«[117], ließe sich Gewinn bringend auf die nun fällige Ausweitung unseres Fragehorizonts beziehen.

Es gibt – so könnte man analog formulieren – auch keine moralischen Probleme, sondern nur moralische Interpretationen von Problemen. Das bedeutet: Moralische Probleme gibt es nicht an sich; sie entstehen vielmehr, wenn Sachverhalte mithilfe von moralischen Kategorien beschrieben werden, wodurch Bewertungskriterien für sie einschlägig werden, mit denen diese Sachverhalte normativ kollidieren und entsprechend rechtfertigungsbedürftig werden können. Ob man Sachverhalte aber *als* moralische Sachverhalte beschreibt, ist nicht so sehr von subjektiven Präferenzen abhängig, sondern weitgehend soziokulturell, historisch, situativ, themenspezifisch usw. konventionalisiert. So könnte man z.B. das Thema Abtreibung sicherlich nur bei Strafe argumentativer Anschlussverluste aus seiner moralischen Bewertungsperspektive ausschließen. Andererseits ist es aber heute im öffentlichen Diskurs nicht inakzeptabel, auch andere als moralische Problemperspektivierungen diskursiv einzubringen, etwa medizinische, soziale, psychologische, feministisch-emanzipatorische, berufspolitische. Damit werden für die fällige Problemreflexion nur die möglichen Reflexionshorizonte kategorial entschieden erweitert und das Reflexionsniveau erhöht.

Doch die Pluralisierung möglicher Problemperspektiven erhöht nicht nur das Reflexionsniveau, sie nötigt auch zur Einsicht, dass das, was eben für moralische Probleme gesagt worden ist, für die Konstitution von Problemen schlechthin gilt: Probleme gibt es nicht an sich; zu Problemen werden Sachverhalte erst im Kontext bestimmter kategorialer Reflexionshorizonte gemacht. So wird z.B. erst im Kontext westlicher Wertvorstellungen von der Unverletzbarkeit der Person aus der rituell gebotenen Beschneidung von Mädchen eine strafrechtlich folgenreiche Körperverletzung (so in Frankreich), und erst im Kontext eines bestimmten Schulverständnisses (tendenziell politik- und bekenntnisfrei) wird das Tragen eines Kopftuchs zu einem (zumindest) schulpolitischen Problem (so in Baden-Württemberg).

In solcher beispielhaften Problemgenese sind freilich mehr Probleme enthalten, als der erste Blick zu erkennen gibt. Um nämlich als Probleme interpretiert werden zu können, müssen zwar Sachverhalte erst in einen bestimmten kategorialen Kontext gerückt werden; doch in welchen kategorialen Kontext sie im Falle ihrer Problematisierung gerückt werden, sieht man ihnen nicht ohne weiteres an. Zudem ist der Ausdruck »gerückt werden« nicht ganz zutreffend, weil der Kontext, in den Sachverhalte gerückt werden, immer schon in Form der jeweils gewählten Beschreibungssprache implizit mitgewählt wird. Doch auch »mitgewählt« ist nicht ganz zutreffend, weil diese Wahl in den seltensten Fällen als Wahl bewusst ist oder durch deren Explikation oder Begründung gar kommunikativ bewusst gemacht wird. Und doch ist diese mit jeder Problembenennung bereits implizit erfolgte (und ratifizierte) Wahl einer kategorialen Beschreibungssprache für eine mögliche argumentative Problembearbeitung von elementarer Wichtigkeit; denn die jeweilige Beschreibungssprache wird im Fall von Argumentation automatisch zur »Begründungssprache« (H-WT, 165 ff.), in der sich die Argumentation kategorial bewegt. Moralische Probleme können, wie bereits gesagt, nur mit moralischen Argumenten gelöst werden. Argumente und Probleme müssen kategorial derselben Sprache angehören. Eben darin besteht die argumentationspraktische Relevanz der jeweils gewählten Beschreibungssprache: Mit ihrer Wahl ist bereits die Wahl eines bestimmten Typs von möglichen Argumenten präjudiziert und damit auch der Zugang zu bestimmten materialen Plausibilitätsressourcen und kriteriellen Plausibilitäts- bzw. Rationalitätsstandards. Toulmin nennt das die prinzipielle Bereichsabhängigkeit der Geltungs- und Plausibilitätskriterien (»rechtlich korrekt« ist eben nicht unbedingt »moralisch gut« oder »ökonomisch klug« usw.) und diese Bereichsabhängigkeit der Kriterien unterscheidet er mit Recht strikt von der Bereichsunabhängigkeit der Rollen, die Aussagen in Argumentationen funktional spielen können.

Die elementare Bedeutung der kategorialen Beschreibungssprache liegt mithin darin, dass »die Argumentation [eben nur] der Entfaltung von Implikationen dient, die in der Beschreibung des Phänomens dank des zugehörigen Sprach- und Begriffssystems [bereits] enthalten sind« (H-WT, 166). Um diese Implikationsbeziehung wenigstens anzudeuten, müsste man das toulminsche Schema wie folgt ergänzen, wobei »BS« für die jeweils implizit gewählte und ratifizierte Beschreibungs-/Begründungssprache steht bzw. für das damit argumentativ zugleich erschlossene bereichsabhängige Begründungs- bzw. Plausibilitätssystem: C=(O)K, weil D wegen W aufgrund von B (außer wenn RE) in BS.

Ich habe auf diese Relevanz der Begründungssprache und des zugehörigen Begründungssystems bereits hingewiesen, als ich die Bedingungen aufgelistet habe, die q erfüllen muss, um überhaupt als überzeugungskräftiges Argument für p fungieren zu können. Eine dieser Bedingungen habe ich als Bedingung der Relevanz spezifiziert, weil sie verlangt, dass q nicht nur (sprechhandlungsspezifisch) gültig und (argumentationsspezifisch) einschlägig, sondern auch (problemspezifisch) relevant sein muss, dass q also für die anstehende Problemlösung Plausibilitäten nutzen muss, die kategorial ein angemessenes Problemverständnis bezeugen. Überzeugungskräftig ist ein Urteil über die Qualität von Argumenten, das mehrdimensional ist, insofern es mindestens fünf Bedingungen möglicher argumentativer Überzeugungskraft betrifft.

Was aber geschieht, wenn die Angemessenheit einer Argumentation mit Sätzen wie »Das ist doch kein Argument!«[118]

strikt negiert wird? Wie ist Max Webers Urteil einzuschätzen, dass das, was innerhalb »der Ethik der Bergpredigt« als moralische Höchstform menschlichen Verhaltens gelte, aus politischer Sicht eine »Ethik der Würdelosigkeit« sei, weil sie eine »sozial unsinnige Zumutung« darstelle?[119] Oder wie steht es mit äquifunktionalen Entwertungen wie in diesem Beispiel: »Die Klage der Kommunisten gegen die deutsche Beteiligung an Natoschlägen gegen Milosevic hat weder moralische noch rechtliche, sondern ausschließlich taktische Gründe [...]«[120]? Gibt es eine rationale Alternative zur Strategie wechselseitiger Argumentationsentwertung? Lässt sich – anders gefragt – mit Argumenten klären, was die Rhetorik den jeweiligen Problemstatus (status) des anstehenden Problems (quaestio) nannte? Diese Frage macht erst Sinn, wenn gilt, was bereits betont worden ist: Man kann die Probleme nicht fragen, ob sie sich als Ergebnis einer kategorial angemessenen Problematisierung verstehen. Das müssen wir schon selbst entscheiden, wobei wir uns auf keine vorgängige Korrelation zwischen bestimmten Gegenstandsbereichen und bestimmten Typen ihrer kategorialen Beschreibung bzw. argumentativen Bearbeitung berufen können. Weder Klonen noch Sterben, noch Arbeitslosigkeit präjudizieren als Themen bereits bestimmte kategoriale bzw. argumentative Problemzugänge.

Dennoch muss – so Habermas unverdrossen (H-WT, 170) – der jeweilige Problemzugang bzw. seine Angemessenheit Gegenstand der Argumentation sein können. Das ist plausibel, denn wie ließe sich sonst der rationale Selbstanspruch der Argumentation noch aufrechterhalten, wenn ein elementarer Teilaspekt dieses Anspruchs, nämlich die problemspezifische Relevanz der Argumentation, aus diesem rationalen Selbstanspruch ausgenommen wäre? Doch ist diese bedrohliche Rationalitätslücke operativ bzw. prozedural zu schließen, wenn es weder bereichsunabhängige Begründungssprachen noch -systeme gibt?

Ich möchte kurz vier Reflexionsstränge skizzieren, die dieses Problem theoretisch zumindest bearbeitbar zu machen versuchen.

1. Der eine Reflexionsstrang ist besonders von Jean-François Lyotard in seinem Buch *Der Widerstreit* einflussreich entfaltet worden.[121] »Widerstreit« (différend) meint bei Lyotard einen »Konflikt, der nicht angemessen entschieden werden kann«, weil es keine Regel gibt, die ihn wie einen »Rechtsstreit« (litige) entscheidbar macht. Wird er dennoch entschieden, dann gibt es nicht wie beim Rechtsstreit Gewinner und Verlierer, sondern nur Täter und Opfer; denn eine Entscheidung »nach Regeln einer Diskursart, die von denen der Diskursart abweicht, über die entschieden wird, ist ein Unrecht« (tort)[122]. Erkennbar trifft das, was hier als »Widerstreit« im Unterschied zu »Rechtsstreit« terminologisiert wird, genau auf den Streit über die Angemessenheit bzw. Relevanz eines kategorialen Problemzugangs und einer entsprechenden argumentativen Problembearbeitung zu: Wenn kein vorgängiges Einverständnis über die angemessene »Diskursart« (genre de discours) besteht, in deren Rahmen der Konflikt argumentativ ausgetragen werden soll, kommt es nach Lyotard notwendig zu einem intergenerischen Streit bzw. »Widerstreit«, der definitionsgemäß nicht rational entscheidbar ist, weil rational entscheidbar nur ein intragenerischer Streit bzw. »Rechtsstreit« ist; denn nur er hält intragenerische Regeln seiner Entscheidbarkeit bereit[123], nämlich die jeweilige Überzeugungskraft der argumentativ aktualisierten Plausibilitätspotenziale.

Dass diese These Lyotards nicht nur provokativ, sondern argumentations- und rationalitätstheoretisch ruinös ist, liegt ebenso auf der Hand, wie sie erkennbar nur radikalisiert, was im obigen Nietzsche-Zitat bereits beispielhaft behauptet ist: dass die Entscheidung für die »moralische Interpretation eines Phänomens« selbst außermoralischen Ursprungs ist. Ist sie damit auch außerrationalen Ursprungs? Lyotard müsste das bejahen.

2. Das gilt auch für Luhmann, dessen systemtheoretisch orientierte Gesellschaftstheorie einen Begriff anbietet, der sich für die Reformulierung unseres Problems besonders eignet; ich meine den bereits öfter benutzten Begriff »Binärcode« (L-ÖK 40ff.). »Binärcodes« haben sich in den verschiedenen funktional ausdifferenzierten gesellschaftlichen Subsystemen wie Moral (gut/böse), Recht (rechtens/rechtswidrig), Wissenschaft (wahr/falsch) usw. ausgebildet und steuern die kommunikativen Anschlusschancen in diesen Subsystemen. Die Subsysteme können selbstredend jeweils nur den je eigenen Code verstehen, was impliziert, dass die verschiedenen Codes füreinander Fremdsprachen sind. Wer etwa die Wirtschaft beeinflussen oder auch nur irritieren will, muss die Sprache sprechen, die die Wirtschaft versteht, und das ist die ökonomische Sprache von Gewinn und Verlust. Dass wir uns je nach gesellschaftlichem Bereich der jeweils bereichsspezifischen Sprache bedienen und uns damit den strukturabhängigen Resonanzbedingungen dieser Systeme unterwerfen, ist zwischenzeitlich so selbstverständlich, dass diese Selbstverständlichkeit das Verstehen ihrer historischen Nichtselbstverständlichkeit bereits erschwert.[124] Die Selbstverständlichkeit, dass z.B. in der Wirtschaft Probleme nur als wirtschaftliche Probleme bearbeitet werden können, hängt natürlich nicht von einem Einverständnis darüber ab, was originär wirtschaftliche Probleme sind. Was im vierten Kapitel über die spezifische Universalität bzw. universelle Spezifität der Codes gesagt worden ist, wird hier erneut einschlägig: Codes können Themen nur in ihrer je eigenen Sprache bearbeiten, was entsprechende vorgängige Übersetzungen nötig macht. Genau diese Dialektik zwischen funktionaler Spezifität und materialer Universalität von Codes ist ja die Voraussetzung dafür, dass die Frage nach der je-

weils kategorial angemessenen Problematisierung überhaupt entstehen kann, die sich für ihre jeweils benutzten Unterscheidungen »auf keine externe Referenz« berufen kann. (L-BE, 69)

Der Code-Pluralismus nötigt, weil er einen Pluralismus möglicher Plausibilitätsressourcen und Rationalitätskriterien impliziert, zu einer entsprechenden Pluralisierung der Vernunft bzw. zu einem differenztheoretischen Rationalitätsbegriff. (L-BE, 77ff.) Dass eine solche »Vernunft im Plural« (Lyotard) auch eine Toleranzethik fördern kann[125], dürften nur Böswillige mit Indifferenz verwechseln. Andererseits lässt sich aber mit dem Hinweis auf die ethischen Implikate des Code- bzw. Vernunftpluralismus die drängende Frage nicht einfach abwiegeln, wie denn nun Handeln unter Bedingungen einer neuartigen Heterarchie oder Polyarchie im Reich der Rationalität *rational* möglich sein soll. Reicht da der Hinweis auf die Chancen »struktureller Koppelung«? (L-GG, 92ff., 778ff.) Und weiter: Wenn sich »fortan alle Funktionssysteme ihr eigenes Bild von der Gesellschaft machen«, wenn entsprechend eine »codeunspezifische Verständigung passé ist« und es damit »keinen Ort mehr gibt, wo Probleme, die für die Reproduktion der Gesellschaft im ganzen relevant sind, wahrgenommen und bearbeitet werden könnten« – dann stellt sich die Frage nach der Integrationsfähigkeit dieser Gesellschaft schon recht dringlich. (H-FG, 417)

3. Habermas hat auf diese Frage eine Antwort gegen den Mainstream gegenwärtiger Gesellschaftstheorie gewagt: Mögen alle funktionsspezifischen Codes füreinander auch Fremdsprachen sein, *eine* Sprache gibt es und muss es geben, die zwischen allen Sprachen vermittelt und als letzte Verständigungsbrücke fungiert: die Umgangssprache. Sie stellt nach Habermas keinen Spezialcode dar, und ihre Semantik kann keine funktionale Spezialsemantik sein, ohne sich selbst den Zugang zu ihren originären Plausibilitätsressourcen zu verschütten, nämlich zur Le-

benswelt. Deren Sprache steht als allgemeines Verständigungsmedium »unterhalb der Differenzierungsschwelle der Spezialcodes« zur Verfügung; als ein Verständigungsmedium, das auf »die Wahrnehmung und Artikulation gesamtgesellschaftlicher Relevanzen und Maßstäbe« spezialisiert ist. (H-FG, 427) Als solche wird sie in den Prozessen »informeller Meinungsbildung« und »formeller Willensbildung« immer schon beansprucht, weil ohne die Unspezifik der Umgangssprache das Projekt einer »deliberativen Politik«[126] gar nicht realisierbar wäre. Entsprechend lassen sich – so Habermas sowohl gegen Luhmanns differenz- bzw. systemtheoretischen Rationalitätsbegriff wie gegen Lyotards radikalen Kontextualismus – »Politik und Recht nicht als autopoietisch geschlossene Systeme begreifen«; vielmehr ist Recht die Form, in der Politik in alle Funktionsbereiche eindringt und sie so in »der Lebenswelt verankert« (H-FG, 429).

Folgt man der habermasschen These von der Notwendigkeit einer »multifunktionalen Umgangssprache« für eine moderne, funktional differenzierte Gesellschaft, dann wäre die Umgangssprache das genuine Medium, in dem sich die Frage nach der Angemessenheit eines situativen Problemverständnisses thematisieren lassen müsste. (H-WT, 168 ff.) Der für diese Frage typische Code »angemessen/nicht angemessen« ist zwar ebenso spezifisch wie die anderen Binärcodes, doch seine Spezifität unterscheidet ihn von allen funktionsspezifischen Codes gesellschaftlicher Subsysteme; vergleichbar mit ihnen ist er, weil er Argumente unter einem eigenen Aspekt thematisiert; unvergleichbar ist er, weil der Binärcode »angemessen/nicht angemessen« logisch auf einer anderen Ebene als die anderen Binärcodes operiert: Er beobachtet die Art und Weise, wie die anderen Binärcodes die Welt beobachten bzw. beschreiben. Der Binärcode »angemessen/nicht angemessen« ermöglicht mithin eine Beobachtung zweiter Ordnung, die Nietzsche in seinem Beispiel mit Blick auf den Moralcode korrekt »außermoralisch« nannte, weil die moralische Unterscheidung »gut/schlecht« selbst nicht gut oder schlecht ist. Wer solche Unterscheidungen reflexiv beobachten will, muss einen Code wählen, der der jeweiligen reflexiven Stufe der Beobachtung entspricht.

Ein möglicher Code für eine solche Code-Beobachtung ist der genannte Angemessenheitscode, insofern er die für die jeweilige Beschreibungs- wie Begründungssprache gewählten Codes ihrerseits unter dem spezifischen Aspekt beschreibbar und bewertbar macht, ob sich in ihnen ein dem jeweiligen (individuellen oder kollektiven) Reflexionsstand angemessenes Problemverständnis unverzerrt zur Geltung bringen lässt. Die Semantik dieses Codes mag zwar nicht so elaboriert sein wie die anderer Codes, doch die durch den Angemessenheitscode erschließbaren Plausibilitätsressourcen reichen aus, um das zu ermöglichen, was man mit Habermas folgendermaßen nennen kann: »schrittweise Radikalisierung« der Geltungsreflexion durch eine schrittweise Ausweitung des Horizonts, innerhalb dessen sich diese Geltungsreflexion bewegt (H-WT, 174 ff.). Diese »schrittweise Radikalisierung« führt zwar zu keiner höherstufigen Vernunft, wohl aber zu einer Beanspruchung der Vernunft für höherstufige Problemlagen, ob man die dafür qualifizierte Vernunft nun mit Habermas u. a. als »kommunikativ« bzw. »diskursiv«, mit Bubner als »dialektisch«[127] oder mit Welsch als »transversal«[128] spezifiziert. Mit dieser »schrittweisen (bzw. stufenweisen) Radikalisierung« soll nicht die Pluralisierung der Vernunft fortgesetzt werden (subjektive, objektive, dialektische, zynische, instrumentelle usw.); mit ihr soll im Gegenteil ein Verfahren dafür methodisiert werden, wie sich »die Einheit der Vernunft in der Vielfalt ihrer Stimmen« (H-ND, 153 ff.) und »die eine Vernunft« in den »vielen Rationalitäten« (A/K-VR) zur Geltung bringen kann.

Das Bestehen auf einer vernunftkritisch nicht destruierbaren Einheit der Vernunft erklärt sich bei Habermas u.a. aus der Geschichte der Vernunftkritik selbst, deren gegenwärtige Ausreifung in die Aporie einer Vernunftkrise zu schlittern droht, die mehr und anderes anzeigt als bloße Ernüchterung, die sich einstellt, wenn die Prätentionen einer hypertrophen Vernunft entlarvt worden sind.[129] Die hier gemeinte Vernunftkrise wird in dem Maße riskant, in dem die Vernunft – eben durch ihren Erfolg als Vernunftkritik – zur letzten und einzigen Ressource legitimer Geltungsansprüche geworden ist: »Die reflexiv gewordene Moderne« kann gar nicht mehr anders, als »alles Normative aus sich selbst [zu] schöpfen«; sie muss »sich aus der einzigen Autorität, die [die Vernunft] [...] übriggelassen hat, stabilisieren, eben aus Vernunft« (H-PN, 198). Das kann aber nur gelingen, wenn Luhmanns Verdikt »Nie wieder Vernunft!« (L-BE, 76) nicht auch die Maßstäbe trifft, mit denen überprüft wird, ob Geltungsansprüche vernünftig sind, ob sie ihre Legitimität vernünftig, also argumentativ überzeugend einzulösen vermögen. Die Maßstäbe dürfen nicht in gleicher Weise kontextualisiert werden wie die Plausibilitäten, auf die sie sich material beziehen. Wenn zur Vernünftigkeit von Geltungsansprüchen nach dem bisher Gesagten auch gehört, dass die Wahl der argumentativ genutzten materialen Plausibilitäten vernünftig begründbar sein muss, dann dürfen auch die Maßstäbe, mit denen diese Vernunftbedingung überprüft wird, nicht ihrerseits kontextualisiert werden. Mit Welsch könnte man in diesem Zusammenhang von einer »Pluralismuskompetenz« sprechen, die »Vernunft« haben muss, wenn sie über die Angemessenheit der gewählten Rationalitäten und deren Standards will urteilen können.[130]

Dass die in solcher Überprüfung geleistete »Radikalisierung« der Geltungsreflexion nicht in die Fatalität eines erneuten infiniten Regresses führen muss, belegt der Diskurs über den Natoeinsatz im Kosovo 1999. Es ist erstaunlich, wie schnell sich, anders als beim Golfkrieg, ein breiter Konsens über seine angemessene, in diesem Fall: moralische Beschreibung und Bewertung eingestellt hat, wie energisch dieser Konsens sich gegen abweichende Beschreibungen und Einschätzungen des Geschehens auf dem Balkan gewehrt und wie reibungslos und schnell sich ein moralisch begründeter Pazifismus in einen moralisch begründeten Interventionismus verwandelt hat.[131]

4. Vielleicht ist der Kosovo-Krieg ja in der Tat nur ein Beispiel für das, was im fünften Kapitel als bloßer »Interessenkonsens« im Unterschied zum substanziellen »Orientierungskonsens« bestimmt worden ist; vielleicht aber belegt dieser Krieg auch beispielhaft, was John Rawls »overlapping consensus« nennt.[132] Damit ist eine Ressource möglicher Problemlösung gemeint, die wirksam werden kann, ohne dass ein gemeinsames Problemverständnis erst eine gemeinsame Argumentationsbasis schafft, die wiederum die Kompatibilität der Argumente vorgängig zu sichern verspricht, weil alle aus der gleichen Plausibilitätsressource ihre Gewissheiten beziehen.

Rawls' Overlapping-consensus-Theorem ist ein Antwortversuch aus der Sicht des politischen Liberalismus auf die elementare Frage, wie Gesellschaft als »faires System der Kooperation« zwischen »Freien und Gleichen« dauerhaft gesichert werden kann, und zwar unter Bedingungen des »Faktums eines vernünftigen Pluralismus«, der in jeder freien Gesellschaft zwangsläufig entstehen wird.[133] Rawls' Antwort verkennt also weder die Autonomietendenzen gesellschaftlicher Teilbereiche (Luhmann) noch die Notwendigkeit eines Ortes, an dem diskursiv thematisierbar wird, was traditionell »Gemeinwohl« heißt (Habermas). Seine an Kants »Was ist Aufklärung?« orientierte Unterscheidung zwischen »öffentlichem« und »nicht öffentlichem

Vernunftgebrauch« ist der interessante Versuch, die erwähnten Unterscheidungen zwischen bereichsspezifischen Rationalitäten und allgemeiner Vernunft sowohl zu reformulieren wie erkennbar neu zu plausibilisieren.[134] Der öffentliche Vernunftgebrauch kann zwar keine höheren Vernunftkräfte für sich reklamieren, wohl aber die Notwendigkeit einer Fokussierung der Vernunft auf den Bereich des Politischen einklagen, und d.h. auf einen Bereich, der die politische (und nur die politische) Existenz des Menschen als Bürger betrifft.

Die Bedeutung des öffentlichen Vernunftgebrauchs verdankt sich entsprechend dem Gewicht der Werte, um die es im Bereich des Politischen geht. Rawls rekonstruiert solche dezidiert politischen Werte aus der Schnittmenge der Werte, die nach seiner Auffassung immer schon als politische Dimension in den verschiedensten Konzepten eines vernünftigen Zusammenlebens von Menschen enthalten sind und nur in ihrem konvergenten bzw. »konsensuell überlappenden« Gehalt bewusst gemacht werden müssen, um Zustimmung einfordern zu können. Realistisch ist Rawls' Annahme eines solchen Konsenses, weil er sich strikt auf einen Konsens über die *politischen* Grundwerte des Zusammenlebens von Bürgern beschränkt (Freiheit, Gleichheit, Toleranz etc.) und – das macht ihn für unseren Fragekontext interessant – weil er kein Konsens über die materiale Fundierung und argumentative Legitimierung dieser Werte sein will. Was Rawls (u.a. gegen den Kommunitarismus) als den »Vorrang des Rechten vor dem Guten« verteidigt[135], meint ebendies: Unter Bedingungen moderner Gesellschaft kann deren Kooperationsbedarf nicht mehr über gemeinsame Vorstellungen vom »guten Leben« befriedigt werden, sondern nur noch über das gemeinsame Konzept einer »gerechten Gesellschaft«. Dazu ist kein »Weltethos« (H. Küng) nötig, wohl aber die Bereitschaft, die Zustimmung zu diesem Konzept einer gerechten Gesellschaft systematisch von der Zustimmung zu den verschiedenen motivationalen und normativen Gründen zu entkoppeln, auf die sich dieses Konzept stützt. Für einen politischen Konsens im Sinne Rawls' sind die (heute typische) Pluralität seiner normativen Ressourcen und die Heterogenität seiner argumentativen Stützungen nicht notwendig ein Hindernis. Es kann auch einen Konsens ohne gemeinsame Argumentationsbasis geben, einen so genannten »Ergebniskonsens«; der mag zwar nicht die Qualität eines »Argumentationskonsenses« haben, doch muss er auch nicht zu einer bloßen »Konsensfiktion« (A. Hahn) herabgestuft werden.[136]

Obwohl also die typologische Verschiedenheit der Argumente nicht unbedingt zu Kompatibilitäts- bzw. Kommensurabilitätsproblemen führen muss, empfiehlt es sich, Argumentationen danach zu unterscheiden, ob sie homogener oder heterogener Natur sind, ob sie sich also aus typenreinen oder typenunreinen Argumenten zusammensetzen. Diese Unterscheidung erleichtert die weitere Ausgrenzung der Fälle, in denen typologisch heterogene Argumentationen Kompatibilitätsprobleme aufwerfen und deshalb eine explizite Klärung des zugrunde liegenden Problemverständnisses unumgänglich wird, soll kooperatives Handeln weiter möglich sein.

Argumente lassen sich typologisch nicht nur nach den Rollen unterscheiden, die sie im Prozess der Geltungssicherung spielen, oder nach den materialen Plausibilitätspotenzialen, die sie jeweils für die Geltungssicherung argumentativ aktivieren; auch die argumentierenden Personen selbst (Alter, soziale Herkunft, ideologische Zugehörigkeit, Geschlecht usw.) lassen sich als typologisches Kriterium nutzen[137], ebenso das Medium der Argumentation, ihr evolutionäres Niveau[138], ihr diskursthematisches Profil[139], ihre musterabhängige Form[140] usw. Das zuletzt genannte Typologisierungskriterium ist hier von besonderem Interesse, weil es für Argumente eine Differenzierungs- bzw. Vergleichsebene ermöglicht, die historisch ebenso renommiert ist, wie sie bis heute systematisch genutzt wird, wenn man etwa von Autoritätsargumenten im Unterschied zu Beispiel-, E-contrario-, A-fortiori-Argumenten redet. Und das tut man nicht nur in der juristischen Methodenlehre oder in der Philosophie, sondern in jeder Argumentationsanalyse. Perelmans einflussreicher *Traité de l'Argumentation* ist im Kern der Versuch, die verwirrende Vielzahl situativ verwendeter, konkreter Argumente in der Weise zu ordnen, dass man sie auf eine endliche Zahl von idealtypischen Schemata (schèmes argumentatifs) zurückführt, die als Baupläne für entsprechende Argumente fungieren.

Dass Perelman sein großes Werk auch *La nouvelle rhétorique* genannt hat, macht deshalb Sinn, weil es mit der Erinnerung an die Rhetorik an die originäre Funktion dieser Schemata erinnern soll: Sie sind nicht für die Analyse von Argumenten erfunden worden, sondern als Konstruktionspläne für Argumente. Als solche enthalten sie Formmuster möglicher Argumente, die zugleich aber auch als Suchmuster möglicher Argumente nützlich sind, also gleichsam als eine argumentative Heuristik fungieren. Der historische Name für eine solche argumentative Heuristik heißt »Topik«.[141] Entsprechend stellt die Topik ein System von Suchanweisungen (topoi/loci) dar, die auf die Frage antworten, wie und wo man in Problemlagen methodisch (!) Plausibilitätsressourcen für die Stützung problematisierter Geltungsansprüche finden kann. Diese Frage ist insofern von größtem argumentationspraktischem Gewicht, als Plausibilitäten bzw. soziale Gewissheiten notorisch knappe argumentative Güter sind, die einen entsprechend ökonomischen Umgang erforderlich machen. Die Topik ist – und das macht sie bis heute unersetzlich – die Methodisierung dieser Ökonomie. Diese Methodisierung lässt sich nach dem bisher Gesagten wie folgt genauer bestimmen: Sie besteht in der Systematisierung des Anschließens an Geltungspotenziale durch systematisches Aufsuchen einschlägiger Geltungsbeziehungen. So ist die Topik letztlich eine Heuristik argumentativ einschlägiger Geltungsbeziehungen. Diese Heuristik methodisiert einen ökonomischen Umgang, wie er für die Ökonomie nichtmaterieller Güter wie Plausibilität oder allgemein Vertrautheit typisch ist. »Ökonomischer Umgang« mit solchen Gütern meint nicht so sehr einen schonenden Umgang mit diesen knappen Ressourcen, sondern im Gegenteil die extensive bzw. mehrfache Nutzung dieser knappen Ressourcen für die Lösung möglichst vieler Geltungsprobleme. Die Topik kann diese Art von Ökonomie methodisieren, weil sie argumentationspraktisch bewährte Suchmuster bereitstellt, die das Auffinden von Geltungsbeziehungen erleichtern; und nur über solche Geltungsbeziehungen gelingen ja (unter bestimmten Bedingungen) Anschlüsse an Geltungsressourcen, die damit Chancen für die Lösung von Geltungsproblemen eröffnen.

Wie die Topik den ökonomischen Umgang mit dem knappen argumentativen Gut Plausibilität bzw. soziale Gewissheit methodisiert, soll im Folgenden an einem Beispiel kurz erläutert werden: »Wenn uns schon die Explosion eines winzigen, friedlich genutzten Reaktors in großen und anhaltenden Schrecken versetzt, wieviel mehr müssen wir dann einen atomaren Krieg fürchten!«[142]

Dieser Satz enthält eine Behauptung, die sich aufgrund der verwendeten Modalpartikel als Behauptung einer Geltungsbeziehung bestimmen lässt. In dieser Geltungsbeziehung ist die erläuterte argumentative Grundbeziehung »p gilt, weil q gilt« in modifizierter Gestalt leicht zu erkennen: p gilt, weil sogar q gilt. Geläufiger freilich, weil näher an der umgangssprachlichen Oberflächenstruktur dieser Gestaltmodifikation ist die folgende Reformulierung des Beispiels: Wenn q gilt, dann müsste erst recht p gelten. Diese Reformulierung impliziert zugleich ein allgemeines (unter dem Namen »a fortiori« bekanntes)[143] Formmuster, das dem beispielhaft zitierten Argument ebenso zugrunde liegt wie einer Vielzahl kontextueller Varianten seiner praktischen Nutzung. Worauf aber beruht die behauptete und – wie dieses Beispiel lehrt – suggestiv wirksame Geltungsbeziehung zwischen p und q?

Die mustertypischen Modalpartikel geben einen eindeutigen Hinweis, insofern sie die Geltungsansprüche von p und q in der Weise modalisieren, dass dem Geltungsanspruch von p im Vergleich zu dem von q ein höherer Plausibilitätsgrad attestiert wird. Diese Plausibilitätsgraduierung beruht selbstredend auf einem vorgängigen Plausibilitätsvergleich zwischen p und q. Pragmatisch wirksam ist ein solcher Vergleich nur, wenn sich die Geltungsansprüche von p und q auf die gleichen Geltungsgründe stützen, sodass ein Vergleich zwischen ihnen die Frage beantwortbar machen müsste, für welchen der beiden Geltungsansprüche sich hinsichtlich ihrer Begründungschance ein Plausibilitätsvorteil ausmachen lässt. Damit wird genauer angebbar, was in allen Argumenten, die nach diesem Argumentationsmuster konstruiert sind, eigentlich über den behaupteten Geltungszusammenhang zwischen p und q behauptet wird. Es sind drei Behauptungen: 1. Es gilt q: Wir fürchten Atomreaktoren wegen ihrer Explosionsgefahr. 2. Doch p ist vergleichsweise weit plausibler: Ein atomarer Krieg ist vergleichsweise weit gefährlicher als eine Reaktorkatastrophe. 3. Folglich müsste p erst recht gelten: Folglich müssten wir einen Atomkrieg erst recht fürchten.

Es dürfte deutlich geworden sein, dass in diesem Argumentationsmuster strategisch jeweils aus der Position des Kontrahenten argumentiert wird, dass A mit Argumenten argumentiert, die er sich von B vorgeben lässt. Und genau darauf beruht der spezifische Nötigungscharakter dieses Argumentationsmusters:

Statt eigene Argumente für die Geltung von p vorzutragen, konfrontiert A vielmehr B mit den Konsequenzen seiner eigenen Anerkennung von q, indem er über diese Konsequenzen behauptet, sie nötigten erst recht zur Anerkennung von p, weil sich p im Vergleich zu q weit überzeugungskräftiger mit den von B selbst beanspruchten Argumenten stützen lasse.

Um diesen spezifischen Nötigungscharakter noch einmal zu belegen, sei ein weiteres Beispiel zitiert: »Wenn Kosmopolitismus heute eine Tugend ist, dann kann doch [!] ›Duopolitismus‹ nicht schlecht sein.«[144]

Die Überzeugungskraft des jeweils situativ aktualisierten Argumentationsmusters beruht ersichtlich auf der Evidenz einer Plausibilitätsdifferenz zwischen p und q: Wenn schon das weniger Plausible gilt, dann müsste erst recht das mehr Plausible gelten. Die gleiche Plausibilitätsdifferenz lässt sich – gemäß der zugrunde liegenden Geltungslogik – auch umgekehrt nutzen: Wenn selbst das mehr Plausible nicht gilt, dann dürfte erst recht das minder Plausible nicht gelten. Aussagenlogisch reformuliert: Wenn selbst p nicht gilt, dann dürfte erst recht nicht q gelten.

Wie variantenreich die Verwendung dieses Argumentationsmusters und wie subtil gelegentlich die Funktionalisierung seiner konstitutiven Plausibilitätsdifferenz ausfallen kann, mag der folgende Text von Ulrike Meinhof belegen, der auf die berühmte »Puddingaktion« im April 1967 gegen den amerikanischen Vizepräsidenten Hubert Humphrey in Berlin Bezug nimmt: »Es gilt als unfein, mit Pudding und Quark auf Politiker zu zielen, nicht aber, Politiker zu empfangen, die Dörfer ausradieren lassen und Städte bombardieren.«[145]

Die Pointe und Wirksamkeit dieses Zitats beruht darauf, dass a) das erläuterte Argumentationsmuster sowohl implizit zitiert wird (wenn es unfein ist, Leute mit Pudding zu bewerfen, dann müsste das erst recht für das Werfen mit Napalm gelten), dass b) seine immanente Geltungslogik implizit ratifiziert wird, um so c) den Widersinn der offensichtlichen Geltungsaussetzung in Berlin einzuklagen, die freilich d) wieder Sinn macht in einer (politisch) so verkehrten Welt, wie es nach Meinhofs Urteil die westliche ist, weshalb sie auch ihre Legitimationsgrundlage längst verloren hat.

Plausibilitätsdifferenz ist natürlich nicht das einzig mögliche Ergebnis eines Plausibilitätsvergleichs zwischen p und q; dieser Vergleich kann auch zur Konstatierung einer Plausibilitätsparität zwischen p und q führen: Wenn q gilt, dann müsste auch p gelten.

Hier nun zwei Beispiele für die argumentativ suggestive Ausnutzung einer solchen Plausibilitätsparität aus relativ aktuellen Diskursen:

1. Wenn Abtreibung in Deutschland unter bestimmten Bedingungen straffrei ist, dann muss auch eine die Abtreibung erleichternde Methode (wie RU 486 bzw. Mifigyne) erlaubt sein.[146]

2. Wenn Pränataldiagnostik erlaubt ist, dann müsste auch eine (durch das Embryonenschutzgesetz in Deutschland noch verbotene) Präimplantationsdiagnostik erlaubt sein, zumal sie weit früher und erfolgreicher Erbschäden feststellen kann.[147]

Worauf die pragmatische Wirkung dieser Texte beruht, ist unschwer zu erkennen: auf einem schwer erträglichen Widerspruch, im zweiten Text genauerhin auf einem Wertungswiderspruch, insofern Embryonen im Reagenzglas durch das Embryonenschutzgesetz in weit stärkerem Maße geschützt werden, als das bei einem lebensfähigen Fötus im Mutterleib durch den Abtreibungsparagraphen geschieht.

Die klassische Rhetorik fasst diese drei Varianten des gleichen Argumentationsmusters, weil sie sich alle einer identischen Vergleichsoperation verdanken, unter dem Begriff »argumenta comparativa« zusammen.[148] Als heuristisch umfunktionalisiertes

Suchmuster wird aus diesem Argumentationsmuster ein entsprechender Topos, der das Auffinden von Geltungsbeziehungen erleichtern soll, die dann argumentativ ausbeutbar sind: Man suche bei der Verteidigung oder Entwertung eines Geltungsanspruchs nach Argumenten, die als geeignet gelten, einen anderen Geltungsanspruch gegebenenfalls überzeugungskräftig einzulösen oder zu entwerten, und dann zeige man, dass sich mit den gleichen Argumenten der erste Geltungsanspruch vergleichsweise überzeugender (bzw. gleich überzeugend) einlösen bzw. ein bisher anerkannter Geltungsanspruch überzeugender (bzw. ebenso überzeugend) entkräften lasse.

Dass diese komparativen Argumentationsmuster bzw. Topoi tatsächlich beispielhafte Methodisierungen eines ökonomischen Umgangs mit dem knappen Gut Plausibilität sind, ergibt sich aus der Logik der Komparation. Der systematische Vergleich zwischen Geltungsansprüchen erweitert und intensiviert ganz entschieden die Nutzungschancen knapper Plausibilitätsressourcen; zumindest so lange, wie ein Prinzip unterstellbar bleibt, ohne das kein noch so suggestiver Plausibilitätsvergleich irgendeine Wirkung zeitigen kann, ich meine das eben schon angesprochene Widerspruchsprinzip, genauer: das Konsistenzprinzip. Seine Gültigkeit hat immer schon unterstellt, wer sich von einem Plausibilitätsvergleich zwischen p und q im Fall eines Plausibilitätsvorteils für p eine Zustimmungsnötigung zugunsten von p verspricht; denn kein Argumentationsteilnehmer kann schadlos innerhalb einer Argumentation gegen das Konsistenzprinzip verstoßen, das von ihm Stimmigkeit bei der Beurteilung von Geltungsansprüchen nach Maßgabe ihrer argumentativen Stützfähigkeit verlangt.

Was für komparative Argumentationsmuster/Topoi gilt, dass sie den ökonomischen Umgang mit den knappen Gewissheitsressourcen methodisieren, trifft auch für die anderen Muster/

Topoi zu; etwa auf das nicht weniger suggestive und entsprechend hoch geschätzte Autoritätsargument, das über Imagetransfer beispielhaft demonstriert, wie situative Plausibilitätsgrundlagen entgrenzt werden können[149]; oder das Analogieargument, das aktuelle Probleme in vertrauteres Problemgelände zu überführen versucht, indem es Bezüge zu ähnlichen Problemlagen schafft, wodurch – falls diese Bezüge nicht als falsche Analogie abgelehnt werden – neue (alte) Ressourcen möglicher Problemlösung erschlossen werden[150]; oder das Beispielargument, das mithilfe von Exempeln, Modellen, Vorbildern etc. die Beschränkung der situativen Problemfokussierung zu sprengen versucht, indem es das betreffende Problem im größeren Kontext reformuliert und so seine Lösungschancen vergrößert.[151] Diese und andere Argumentationsmuster sind selbstredend nur musterhafte Konkretionen, in denen sich das Grundmuster argumentativer Geltungssicherung, »p gilt, weil q gilt«, bloß in verschiedener Gestalt realisiert. Entsprechend leisten diese und andere Argumentationsmuster mit ihren unterschiedlichen Strategien auch funktional immer das Gleiche, was sich mit einer klassischen Formulierung von Quintilian noch einmal wie folgt zusammenfassen lässt: Sie versuchen »incerta certis probare«[152], d.h., sie suchen nach Anschlüssen an Vertrautes, um so mit Unvertrautem besser umgehen zu können. Insofern sind sie wie bewährte Wegweiser in schwierigem Gelände.

Wie viele derartige Muster/Topoi man auch immer glaubt unterscheiden zu können[153], hier können sie aus Platzgründen nicht im Einzelnen aufgezählt und hinsichtlich ihrer Überzeugungskraft erläutert werden, so spannend es auch wäre, über sie Einblick in die Tiefenstrukturen unserer Plausibilitätsstandards gewinnen zu können.

7. Zur Didaktik, Analyse und Kritik der Argumentation: Wie kann Argumentationstheorie praktisch werden?

Entgegen allen vollmundigen Versprechungen einschlägiger Publikationen lernt man Argumentieren nicht durch theoretisch oder analytisch interessierte Beobachtungen von Argumentationen; Argumentieren lernt man durch praktisches Argumentieren. Da man aber in der Regel nur argumentiert, wenn man dazu genötigt wird, lernt man das Argumentieren auch nur unter Bedingungen, die den Willen zur sozialen Selbstbehauptung an den Zwang zum Argumentieren rückbinden und so das vernünftige Argumentieren als ein vernünftiges Verhalten erfahrbar machen.

So sehr kollektiver Zwang zum Argumentieren nur die Faktizität kollektiver Ohnmacht ratifiziert, sich und seine Interessen anders denn durch Argumentieren sozial behaupten zu können, ebenso ist das Argumentierenkönnen unter Bedingungen des Argumentierenmüssens ein elementarer Machtfaktor. Aus dieser richtigen Einsicht, die zwar seit der antiken Rhetorik vertraut ist, aber erst in einer Kommunikationsgesellschaft hinsichtlich ihrer praktischen Folgen virulent wird, erklärt sich das breite Interesse an Techniken, die dieses Argumentierenkönnen zu vermitteln versprechen. Der Markt an einschlägigen Versprechungen ist entsprechend unübersichtlich. Soweit sie seriös sind, können sie eigentlich nur das Paradox unkenntlich machen, dass sie solche Versprechungen lediglich als Aufhänger benutzen, um über deren Nichterfüllbarkeit zu reden. Die meisten Argumentationsdidaktiken sind daher bestenfalls mehr oder weniger gute Übersichten über Beobachtungsergebnisse, die an erfolgreicher Argumentationspraxis ablesen, was das Argumentieren erfolgreich macht. Das muss freilich nicht völlig folgenlos für die Praxis des eigenen Argumentierens bleiben, was dessen Reflexivität angeht, was den analytischen Blick für die argumentativen Strategien der Argumentationsteilnehmer und die eigene heuristische Findigkeit betrifft, problemrelevante Plausibilitätsressourcen aufzuspüren und sie ökonomisch zu nutzen.

Ich werde im Folgenden nur ganz kurz auf die Didaktik der Argumentation eingehen, um dann etwas genauer den anderen Bereich angewandter Argumentationstheorie zu erläutern, nämlich die Methodisierung einer kritischen Argumentationsanalyse.

Dass Kommunizierenkönnen eigentlich nichts anderes meint als Anschließenkönnen, ist zwar eine recht einfache, darum aber nicht unbedingt triviale Definition. (L-SS, 204) Diese Definition hat zumindest den Vorteil, Kommunikation vor technizistischer und privatistischer Missdeutung zu schützen, indem sie die allgemeinste Bedingung ihres Gelingens an die Fähigkeit koppelt, Kommunikation fortsetzen zu können durch Anschließenkönnen an das, was gesagt worden ist. Auch Argumentierenkönnen lässt sich nach dem, was bisher über das Argumentieren und seine operative Grundleistung gesagt worden ist, durchaus angemessen als eine, wenn auch spezifische Form des Anschließenkönnens bestimmen, wobei »spezifisch« meint: Argumentieren muss, weil es funktional auf die rationale Lösung von Geltungsproblemen spezialisiert ist, entsprechend an allgemeine Geltungspotenziale anschließen und unterliegt damit spezifischen Bedingungen, die für ein erfolgreiches, eben überzeugungskräftiges Anschließen an solche Geltungspotenziale gelten. Ich habe sie bereits systematisch erläutert und dabei besonders auf die zentrale Rolle plausibler Geltungsbeziehungen hingewiesen, über die überhaupt erst Anschlüsse an Geltungspotenziale erschlossen werden. Deshalb lässt sich Argumentierenkönnen als erfolgreiches Anschließenkönnen auch als erfolgreiches Auffindenkönnen plausibler Geltungsbeziehungen interpretieren. Die Topik habe ich als entsprechend hilfreiche Such- bzw. Findungsmethode oder Heuristik solcher Geltungsbeziehungen bestimmt.

Wenn aber zutrifft, dass andere am besten überzeugen kann, wer an deren Plausibilitätspotenziale anzuschließen vermag, und dass dies am besten kann, wer die Plausibilitäten anderer (zumindest) kennt, weil er sein Leben mit diesen anderen teilt, dann wird klar: Das Wichtigste am Argumentieren lässt sich nicht aus Büchern über das Argumentieren erfahren, weil sie nicht enthalten können, was nur eine gemeinsame Lebenswelt lehren kann. Ohne Rückbindung an sie – wobei die jeweils geteilte Lebenswelt natürlich verschieden groß und differenziert sein kann – wird sich keine argumentationspraktische Kompetenz entwickeln können.

Verständlicherweise ist in marktgängigen Argumentationslehren wenig von dem die Rede, was sie dezidiert nicht lehren und vermitteln können; umso mehr von vermeintlichen »Gesetzen«, wozu argumentationstheoretische Beobachtungsergebnisse leichtfertig aufgebauscht werden. Ohne auf das breite Angebot an popularisierenden Argumentationslehren, -didaktiken, -methoden und -techniken (von z.T. unglaublicher Trivialität) hier eingehen zu können, aber auch ohne die seriösen Konzepte besonders aus dem Bereich der Sprechwissenschaft und Sprechkunde, der praktischen Philosophie, Psychologie, Rede- und Kommunikationspädagogik hier angemessen berücksichtigen zu können[154], beschränke ich mich im Folgenden darauf, wenigstens exemplarisch auf eine Argumentationsdidaktik hinzuweisen, die theoretisch ebenso informiert wie praktisch hilfreich und konzeptionell durchdacht ist, ich meine Manfred Kienpointners *Vernünftig argumentieren. Regeln und Techniken der Diskussion* (1996).

Statt über die »100 Gesetze überzeugender Rhetorik« zu fabulieren (A. Mohler, 1996), stellt Kienpointner – angelehnt an Arbeiten von Eemeren und Grootendorst[155] – »zehn Regeln für vernünftiges Diskutieren« zusammen. Sie sollen »realistische Anforderungen« an Argumentationsteilnehmer auflisten und sich von »idealen und völlig unrealistischen« Modellen abheben, wie sie Kienpointner Habermas anlastet – damit schreibt Kienpointner eine Missverstehenstradition der »Diskurstheorie« fort, die in Deutschland nicht mehr zu stoppen ist, weil sie strategisch zu viele Argumentationsvorteile verspricht.[156] Ich jedenfalls kann nicht sehen, inwiefern Kienpointners »Regel 1: Redefreiheit« etwas anderes als ein »ideales« Sollensgebot formuliert, wenn sie fordert, dass »Argumentierende einander nicht hindern dürfen, Standpunkte vorzubringen oder [...] zu bezweifeln«[157]. Es ist nicht nötig, im Einzelnen auszuführen, welch weitreichende normativen Implikationen diese erste, durchaus vernünftige »Regel vernünftigen Diskutierens« enthält, von den anderen Regeln ganz zu schweigen, die »Redlichkeit« bei der »Bezugnahme auf das Gesagte« bzw. »auf implizite Voraussetzungen« einklagen.

Außer den erwähnten »Prinzipien vernünftigen Diskutierens« beinhaltet die hier vorgestellte Publikation noch je ein Kapitel über »Bausteine der Argumentation« – u.a. über die o.g. Argumentationsmuster – sowie über »Formulierungstechniken«, also über rhetorisch wirksame Sprachverwendung. Obwohl Kienpointners Buch sich als ein »Kurs« empfiehlt, der »den [!] Weg zum Argumentieren weisen« will, und obwohl dieser »Kurs« didaktisch gut konzipiert ist, bietet er dennoch keine Didaktik der Argumentation. Nach dem bisher Gesagten kann das nicht verwundern, wenn der Hinweis auf die Bedingungen auch etwas genauer hätte ausfallen können, unter denen Subjekte überhaupt »den Weg zum Argumentieren« in aller Regel zu gehen bereit sein dürften. Ich habe das den soziokulturell, soziostrukturell oder politisch mediatisierten Zwang genannt, der den »zwanglosen Zwang« vernünftiger, weil gewaltloser Verständigung überhaupt erst kollektiv wirksam werden lässt.

Gehen wir zu dem zweiten Bereich angewandter Argumentationstheorie über, zur Erläuterung einer Methode, wie sich die bisher skizzierte Argumentationstheorie für Zwecke der Argumentationsanalyse und -kritik nutzen lässt.[158]

Unter »Argumentationsanalyse« soll die systematische Rekonstruktion argumentativ funktionalisierter und entsprechend vernetzter Aussagen verstanden werden. Das Ziel einer solchen Argumentationsanalyse ist es, sowohl makro- wie mikrostrukturell die jeweiligen Beiträge zu bestimmen, die argumentativ funktionalisierte Aussagen für die Stützung strittiger Geltungsansprüche leisten.[159] Ich möchte im Folgenden am Beispiel des Diskurses über das Klonen eine solche Analysemethode und deren fünf Schritte vorstellen. Vorweg sei aber noch einmal angemerkt: Da es sich bei Argumentationen um sinnhaft strukturierte Bedeutungszusammenhänge handelt, sind sie prinzipiell auf eine virtuelle Teilnahme des Analysierenden angewiesen, um überhaupt sinnhaft verstehbar zu werden. »Virtuell« ist die Teilnahme, weil sie aufgrund ihrer Handlungsentlastung zu keiner diskursiven Fortsetzung der Argumentation genötigt werden kann, sondern sich auf ihr analytisches und kritisches Geschäft konzentrieren darf. Diese Handlungsabstinenz ist der Preis für den Erkenntnisgewinn, den virtuelle Teilnahme an der Argumentation über das, was in faktischer Teilnahme argumentativ geschieht, für sich erwarten darf.

1. Problemgeschichtliche Argumentationsrekonstruktion: Argumente fallen nicht vom Himmel, sondern sind eingebettet in Problemlagen, auf die sie reagieren unter Bedingungen, die andere Reaktionen als verständigungsorientierte sozial nicht zu-

lassen. Deshalb muss jede Argumentationsanalyse mit der gerafften Rekonstruktion der jeweiligen Problemlage und ihrer Genese beginnen. Durch diese problemgeschichtliche Rekonstruktion soll nachvollziehbar werden, warum die jeweilige Problemlage eine Belastung oder gar Gefährdung der sozialen Kooperation darstellt und daher Versuche ihrer argumentativen Bewältigung dringlich macht. Im Fall des Klonens ist die mit dieser Technik verbundene Problemgeschichte relativ leicht zu rekonstruieren, weil ihr Beginn bzw. ihre öffentliche Wahrnehmung an Meldungen über spektakuläre Klonerfolge geknüpft ist, vor allem über das Schaf »Dolly« im April 1997. In Deutschland wird die Virulenz dieser Problemgeschichte an einem öffentlichen Teildiskurs ablesbar, den u.a. Jürgen Habermas mit drei Beiträgen entscheidend beeinflusst hat.[160]

2. Typologische Argumentationsrekonstruktion: Dieser Teildiskurs konstituiert sich durch wechselseitige Bezugnahmen von einschlägigen Artikeln in überregionalen Zeitungen. Obwohl dadurch ein konsistentes System diskursiv vernetzter Texte entsteht, vertreten die einzelnen Beiträge dennoch eigenständige, ja sogar gegensätzliche Positionen. Das betrifft nicht nur die Einschätzung des verhandelten Sachverhalts selbst (Pro- und Kontra-Positionen) bzw. die entsprechend funktionalisierten Argumente (Pro- und Kontra-Argumente), sondern auch und noch mehr die Art und Weise, wie über das Klonen kategorial geredet und entsprechend argumentiert wird. Es handelt sich eben nicht um das gleiche Problem, wenn Klonen mit evolutionsbiologischen oder moralischen, ökonomischen, psychologischen, rechtlichen oder reproduktionsmedizinischen Kategorien beschrieben wird; vielmehr wird mit der Wahl einer bestimmten kategorialen Beschreibung allererst das Problem als spezifisches Problem konstituiert. Mit der kategorialen Problemkonstitution werden aber zugleich auch die entsprechenden Ressourcen

einer möglichen argumentativen Problembearbeitung präjudiziert und der Typ von Argumenten festgelegt, der überhaupt nur als problemangemessen zugelassen ist. Bei komplexen Argumentationen mit typologisch unterschiedlichen Argumenten ist die Frage nach der Angemessenheit bzw. der Streit über die Angemessenheit der jeweils zugrunde liegenden Problemverständnisse immer dann zu erwarten, wenn inkompatible Problemverständnisse gemeinsame Problemlösungen verhindern. Dieser Streit ist dann u.a. Gegenstand der makrostrukturellen Argumentationsrekonstruktion.

3. Makrostrukturelle Argumentationsrekonstruktion: An Habermas' Replik auf einen Artikel von Reinhard Merkel lässt sich beispielhaft beobachten, wie die Angemessenheit des eigenen kategorialen Problemzugangs legitimiert und gegen andere verteidigt wird. Für Habermas ist mit Blick auf das Klonen ein Problemzugang dann kategorial angemessen, wenn sich mit ihm die intuitiv erfasste Relevanz reformulieren lässt, die das Wissen, wie ein Mensch zu seinem Genom gekommen ist, für sein »moralisches Selbstverständnis« hat. Entsprechend diesem Relevanzkriterium wirft Habermas Merkel vor, »vom Kern der Sache abzulenken«, wenn er den für das Klonen spezifischen Aspekt der »*absichtlichen* Herstellung einer Kopie« unberücksichtigt lässt und damit die fundamentale Differenz unterschlägt, ob jemand seine genetische Ausstattung dem Zufall, Gott oder eben dem Willen einer anderen Person zuschreibt. Dass die Frage, wie jemand zu seinem Genom gekommen ist, für die biologische Disposition des Menschen zu Beginn seiner Existenz wie auch für eine rechtliche Betrachtung völlig irrelevant ist, gibt Habermas zu, weil sich in keinem Fall sinnvoll von einem Schaden reden lässt, der dieser Person zugefügt worden ist. Doch damit wird für ihn nur deutlich, dass biologische und rechtliche Sichtweisen für die mit dem Klonen sich notwendig

aufdrängenden Fragen blind sind und sein müssen, weil sie keinen der substanziellen Problemlage angemessenen Problemzugang erschließen können. Das vermag nach Habermas allein ein Problemzugang, der dem durch das Klonen unausweichlich tangierten »moralischen Selbstverständnis« Kategorien seiner möglichen Artikulation anbietet. Der Problemzugang, der das kann, ist der moralische.

4. Mikrostrukturelle Argumentationsrekonstruktion: Der moralische Problemzugang ermöglicht nach Habermas nicht nur »die moralische Eingliederung (eines neuen Phänomens)«, sondern eröffnet zugleich spezifische Plausibilitätsressourcen möglicher Problembewältigung. Habermas sucht daher innerhalb des Systems der Moral nach einem q im Sinne eines Stützarguments für p (=Ablehnung des Klonens), d.h., er sucht nach einem weithin unstrittigen moralischen Grundprinzip, das sich argumentativ ins Spiel bringen lässt, sodass behauptet werden darf: p gilt, weil q gilt. Er findet ein solches moralisches Grundprinzip in der personalen Autonomie: »Ich gehe davon aus, dass die Grundsätze einer egalitären Rechtsordnung nur solche Entscheidungskompetenzen zulassen, die mit dem gegenseitigen Respekt für die gleiche Autonomie eines jeden Bürgers vereinbar sind.«[161] Klonen widerspricht diesem Prinzip fundamental, weil es die genetische Ausstattung einer Person direkt vom Willen einer anderen Person abhängig macht und damit eine Asymmetrie zwischen zwei Personen konstituiert, die nie (!) in eine symmetrische Beziehung »unter normativ Gleichgestellten und Gleichzubehandelnden« transformiert werden kann. Diese irreversible Asymmetrie ist nach Habermas so singulär und exzeptionell, dass sie für die legitimatorische Einschätzung des Klonens von größtem Gewicht ist; denn diese Asymmetrie »verändert das moralische Selbstverständnis einer Person, sobald [diese] die Entscheidung über die natürlichen Grundlagen ihrer

eigenen Existenz einer anderen Person zuschreiben muss, weil sie im Spiegelbild eigener Anlagen einer fremden Absicht begegnet«. Weniger anspruchsvoll reformuliert, meint der substanzielle Gehalt dieses Arguments: »Es ist nicht lustig, lebenslang als ein anderer zu gelten.«[162]

Erkennbar spielt das moralische Autonomieprinzip in der habermasschen Argumentation die operative Rolle eines Arguments in der spezifischen Funktion einer Schlussregel W. Falls W als einschlägig und relevant anerkannt wird und falls auch die Behauptung, dass Klonen das moralische Autonomieprinzip verletzt, als wahrheitsfähige Aussage in der Rolle von D anerkannt wird, wäre die Argumentation erfolgreich: Der Geltungsanspruch, dass Klonen abzulehnen sei, wäre in der Rolle von K wegen D aufgrund von W innerhalb von BS (aus moralischer Problemsicht) überzeugungskräftig gestützt.

5. Formale Argumentationsrekonstruktion: Gegen Habermas' Stellungnahme und gegen sein Hauptargument wendet u.a. D.E. Zimmer ein: »Wer er genetisch werden will, konnte sich noch nie ein Mensch aussuchen. Seine Eltern haben immer das Genom diktiert.«[163] An diesem Einwand lässt sich exemplarisch ablesen, dass die Argumentationspraxis die oben zitierte argumentative Grundformel in vielfältigster Weise variiert, um Geltungsansprüche zu stützen oder zu schwächen. Das im zitierten Fall benutzte formale Argumentationsmuster ist leicht als argumentatives Absurditätsmuster identifizierbar. Es beruht darauf, die Plausibilität eines Arguments dadurch zu unterminieren, dass sein Aussagegehalt so generalisiert wird, dass er zu absurden Konsequenzen nötigt, wodurch dem Argument jede Berücksichtigungschance genommen wird. Wenn nämlich – so die beispielhafte Realisierung dieses Argumentationsmusters bei Zimmer – Fremdbestimmung die moralische Autonomie des Menschen tatsächlich verletzen würde, dann wäre der Mensch

schlechthin in seiner moralischen Autonomie verletzt, weil jeder Mensch fremdbestimmt ist; diese Konsequenz der habermasschen Argumentation widerspricht aber eklatant unserem Selbstverständnis und kann daher nicht überzeugen.

Erkennbar ist an diesem Beispiel, wie der in der Regel äußerst wirksame Absurditätsvorwurf operativ verfährt: Das habermassche Argument wird absurditätsverdächtig durch eine Generalisierung, durch eine gezielte Entspezifizierung seines Aussagegehalts. Originär behauptet Habermas nämlich gar nicht, dass jede Art von Fremdbestimmung die moralische Autonomie einer Person verletze, vielmehr wird dies nur für eine ganz bestimmte Art der Fremdbestimmung behauptet: nicht für die genetische, sondern nur für die (erst heute mögliche) Fremdbestimmung durch den Willen einer anderen Person. Denn nur diese spezifische Fremdbestimmungsart ist moralisch relevant, weil folgenreich für das moralische Selbstverständnis einer Person.

Wenn solche substanziellen Differenzen unkenntlich werden, mag das bewusste Strategie sein, um Argumentationsvorteile im einschlägigen Diskurs zu gewinnen. Es kann aber auch als Indiz dafür interpretiert werden, wie schwer es offensichtlich ist, sich in die argumentative Logik eines Argumentationskontrahenten innerdiskursiv überhaupt einzudenken. Dafür soll noch ein anderes instruktives Beispiel aus dem gleichen Text stehen, nämlich Zimmers Hinweis auf das Klonen als ein wenn auch statistisch äußerst seltenes, so doch durch und durch natürliches Phänomen, das unter dem Namen »eineiige, genetisch identische Zwillinge« bekannt sei. Auch dieser Einwand verfehlt offensichtlich die Pointe der habermasschen Argumentation, in der ja nicht bestritten wird, dass »Biologie keine Moral kenne«, wohl aber darauf insistiert wird, dass Moral ins Spiel komme – und zwar notwendig –, wenn der Mensch in biologische Prozessabläufe eingreife. Die damit eingeklagte qualitative Differenz zwischen zufälligen Ereignissen der Natur und intentional motivierten Willensakten von Menschen korreliert exakt mit der psychologisch differenten Haltung gegenüber Phänomenen nach dem Grad ihrer Beeinflussbarkeit: Auf so genannte Schicksalsschläge reagieren Menschen auch anders als auf die gleichen Geschehnisse, wenn sie Personen zuzurechnen sind. Wie sehr »Natürlichkeit« gleichsam als Entlastung von moralischer Überforderung gilt, ist schließlich exemplarisch ablesbar an der unterschiedlichen moralischen Bewertung von Tun und Unterlassen, von Handeln und Geschehenlassen in der andauernden Diskussion um Sterbehilfe.

Diese Bemerkungen sollen deutlich machen, dass nicht nur für die Argumentationsheuristik die Kenntnis gängiger Argumentationsmuster von Belang ist, von denen einige im sechsten Kapitel skizziert wurden. Diese Kenntnis kann auch die Rationalität von Argumentationen fördern, die, soll sie eine Chance haben, nicht vom guten Willen der Beteiligten abhängen darf, sondern durch rationalitätsfreundliche Strukturen erleichtert werden muss. Was Kienpointner Redefreiheit nennt, ist immer als eine solche kommunikationsstrukturelle Erleichterung möglicher Rationalität geschätzt und verteidigt worden. Erweiterung und Vertiefung der argumentationspraktischen Kompetenz ist eine weitere Förderungsmöglichkeit solcher Rationalität.

Die skizzierten fünf Rekonstruktionsschritte haben die Komplexität argumentativer Verständigungsanstrengungen wenigstens andeutungsweise bewusst gemacht und hoffentlich auch dazu beitragen können, das verbreitete Missverständnis abzubauen, die methodische Argumentationsanalyse betreibe die Skelettierung von Texten bis zur Unkenntlichkeit ihres funktionalen Profils. Argumentieren ist nach dem bisher Gesagten als möglicher Reflexionsgegenstand für Theorie nur relevant, insofern Argumentation verstanden wird als reflexive Fortsetzung des sprachlichen Handelns unter Bedingungen, die für moderne Gesellschaften zunehmend konstitutiv und überlebensnotwendig werden. Wir haben sie als Bedingungen gewaltfreien Verständigungszwangs unter Freien und Gleichen definiert. Die Argumentationsanalyse könnte, wenn ihre Methode der Komplexität des zu analysierenden Gegenstandes entspricht, ein Weg sein, sich über virtuelle Argumentationsteilnahme sowohl dieser Bedingungen reflexiv zu vergewissern wie die Schwierigkeiten zu begreifen, diese Bedingungen situativ einzulösen.

Und noch etwas kann Argumentationsanalyse leisten: Sie kann die Voraussetzungen für eine Argumentationskritik schaffen. Denn die virtuelle Teilnahme ist ja nicht nur eine notwendige Bedingung für die Zugänglichkeit zu bzw. für die Rekonstruierbarkeit von sinnhaften Prozessabläufen; die Virtualität dieser Teilnahme enthält zugleich auch die Chance, besser und genauer als die am Argumentationsprozess direkt Beteiligten beobachten zu können, was beim Argumentieren konkret geschieht. Diese Chance des Zusehen- bzw. Beobachtenkönnens von Argumentationsprozessen ist erkennbar die Chance einer Argumentationskritik, die mehr sein will als bloß geschmäcklerisches Reden über Argumentation und die auch nicht bloß in Form von Kritik an Argumentation die Argumentation selbst fortzusetzen versucht.

Argumentationskritik hat freilich bisher noch weniger professionelles Profil gewonnen als Sprach- und Redekritik, die zwar auf eine längere Tradition zurückblicken können[164], aber immer noch keine verlässliche Methode der Urteilsbildung entwickelt haben. Die völlig divergierenden Urteile etwa über Walsers Paulskirchenrede 1998, die den einen preiswürdig erschien, während die anderen sie als »unwortlastig« verdammten[165], belegen eine notorische Unsicherheit selbst professionell sich gebender Redekritik. Für die Einschätzung von Hitler als

Redner gilt das Gleiche; auch dazu ist der Redekritik wenig eingefallen außer moralisierender oder normativ-stilistisch orientierter Kritik. Ein Grund für diesen entmutigenden Zustand von Kritik allgemein und von Argumentationskritik im Besonderen ist eben schon erwähnt worden: Es fällt den Kritikern nachweislich schwer, die Virtualität ihrer Teilnahme an sinnbezogenen Prozessen nicht als Chance zur Einmischung in den Prozess selbst zu missbrauchen. Ein Missbrauch wäre eine solche Einmischung, weil sie aus der kritischen Beobachterrolle Argumentationsgewinne erzielen könnte, wodurch Kritik entwertet wird, weil Kritik für Zwecke instrumentalisiert würde, die zugleich durch Kritikerpose vor Kritik geschützt wären.

Wie also könnte eine Argumentationskritik so methodisiert werden, dass sie ihr Geschäft zu betreiben vermöchte? Sie müsste Argumentationen unter dem spezifischen Frageinteresse beobachten, ob und inwieweit sie die argumentationstheoretisch angebbaren Bedingungen überzeugungskräftiger Geltungseinlösung einzulösen imstande sind, sodass sich ein faktisch erzielter Konsens als vernünftiger Konsens beglaubigen ließe. Entsprechend den Bedingungen überzeugungskräftiger Argumentation müsste eine Argumentationskritik Folgendes umfassen: 1. Methodologische Kritik: Wie korrekt ist der argumentationsspezifische Anspruch auf Überzeugungskraft verfahrensmäßig gesichert bzw. gegen Einwände verteidigt worden (Gültigkeit, Einschlägigkeit, Relevanz)? 2. Personenbezogene Kritik: Wie ernsthaft ist das Interesse an einer gemeinsamen, nämlich argumentativ gestützten und konsensuell ratifizierten Sicherung von Geltungsansprüchen (Argumentationsbereitschaft)? 3. Kommunikationsstrukturelle Kritik: Wie fair sind die Chancen und wie deliberationsfreundlich ist der kommunikative Stil, sodass möglichst alle Betroffenen ihre je eigenen Positionen ungehindert in den Argumentationsprozess einbringen können?

Die Möglichkeit von Argumentationskritik macht noch einmal explizit bewusst, dass Argumentationsanalyse mehr sein kann als die buchhalterische Nachzeichnung empirischer Argumentationsprozesse. In ihrer kritischen Dimension macht Argumentationsanalyse kritischen Gebrauch von der Unterscheidung zwischen Überreden und Überzeugen, zwischen erfolgreicher und rationaler Argumentation, zwischen faktischem und vernünftigem Konsens. Diese Unterscheidungen explizieren, weil sie implizit in jedem gehaltvollen Argumentationsbegriff bereits enthalten sind, nur die normative Infrastruktur jeder Geltungseinlösung, die sich als rational versteht. Eine kritische Argumentationsanalyse tut mithin nichts anderes, als diese normative Infrastruktur argumentativer Verständigung regulativ gegenüber faktischen Verständigungsprozessen als Maß ihres Selbstanspruchs (notfalls auch kontrafaktisch) einzuklagen.

8. Zur Ethik der Argumentation: Was ist am Argumentieren ethisch interessant?

Als Abschluss dieser Einführung in die Argumentationstheorie sei ein kurzer Ausblick auf ein Reflexionsfeld gewagt, das unter dem Namen »Diskursethik«[166] bekannt geworden ist und mit dem hier thematisierten Fragenkomplex insofern zusammenhängt, als Argumentation ja genau das Verfahren benennt, wie »Diskurse« praktisch wirksam werden. Insofern ist eine »Diskursethik« immer auch eine Argumentationsethik.

Die Attraktivität eines solchen Ethikkonzepts ist – ungeachtet aller Kritik – leicht nachvollziehbar. Wenn es nämlich zum einen die Vernunft ist, die die Erfolgsgeschichte der Vernunftkritik tatsächlich als »einzige Autorität« und als letzte Ressource legitimer Geltungsansprüche für eine reflexiv gewordene Moderne übrig gelassen hat[167], und wenn zum anderen diese Vernunft nicht mehr material, sondern nur noch prozedural gedacht werden kann, d.h. nicht mehr als »gesetzgebende Vernunft« im Sinne Kants, sondern als »reflexiv« bzw. »diskursiv« wirksame Vernunft[168], dann muss das Projekt einer »Diskursethik« Aufmerksamkeit wecken; denn es traut sich offensichtlich theoretisch zu, was eigentlich unmöglich ist, nämlich einer strikt prozedural verfahrenden Vernunft Elementarprinzipien einer material gehaltvollen Ethik abzugewinnen, ohne sie doch wieder heimlich aus göttlichen oder gottähnlichen absoluten Prinzipien zu deduzieren. Die Theoriestrategie, die das scheinbar Unmögliche zu leisten verspricht, heißt »Transzendentalpragmatik« (Apel) bzw. »Universalpragmatik« (Habermas).[169]

»Transzendental« ist diese Pragmatik, weil sie an der reflexiven Bewusstmachung der Bedingungen interessiert ist, die Diskurse überhaupt erst möglich machen. Über diese Bedingungen wird behauptet, dass sie normative Gehalte implizierten, die für eine Ethik und deren Begründung theoretisch relevant seien. »Universal« lässt sich diese Pragmatik nennen, insofern sie an der Rekonstruktion der »universalen Bedingungen möglicher Verständigung« interessiert ist (H-UP, 353), d.h. an der normativen Geltungsbasis jeden »kommunikativen Handelns«, die im »Diskurs« nur durch situative Geltungsproblematisierung als solche bewusst wird.

Damit ist von vornherein angezeigt, was die »Diskursethik« nicht sein will: Sie ist keine Ethik *für* »Diskurse« oder Argumentationen, sondern eine Ethik *des* »Diskurses« oder *der* Argumentation. Eine Ethik des »Diskurses« kann zweierlei meinen: einmal eine Ethik, die handlungsleitende Normen nur *durch* »Diskurse« für legitimierbar hält, zum anderen eine Ethik, die *in* »Diskursen« bereits vorausgesetzt ist. (A-DV, 270 ff.) Um Letzteres geht es hier allein. Insofern könnte man diese Ethik auch eine »diskurs-« bzw. argumentationsimmanente Ethik nennen. Für sie sind »Diskurs« bzw. Argumentation nämlich nicht so sehr als Methode der Geltungssicherung normativer Ansprüche von Belang denn als Informationsquelle über deren eigene normative Infrastruktur. Entsprechend lautet die Grundthese der »Diskursethik« universalpragmatisch: Man kann nur argumentieren, weil kommunikatives Handeln bereits auf einer Geltungsbasis aufsitzt, deren Geltungsansprüche im »Diskurs« bloß explizit thematisiert und einzulösen versucht werden. Oder transzendentalpragmatisch formuliert: Man kann nicht argumentieren, ohne bestimmte normative Voraussetzungen bzw. Präsuppositionen immer schon bejaht zu haben. Selbst wer diese These bestreiten wollte, könnte dies methodisch nur, indem er eben das voraussetzen müsste, was er bestreiten wollte. »Performativen Selbstwiderspruch« nennen das Apel und seine Schüler.[170] Wer ihn vermeiden will, darf erst gar nicht zu argumentieren anfangen. Doch das wäre identisch mit einer diskursiven bzw. kommunikativen Selbstexklusion aus einer Gemeinschaft, deren »Apriori« die »Kommunikation« ist. (A-TP II, 358 ff.)

Was die »Diskursethik« erkennbar von einer Ethik *für* »Diskurse« unterscheidet, ist ein völlig anderes Frageinteresse. Während die »Diskursethik«, indem sie nach einer nichtdeduktiven und mithin strikt reflexiven Ethikbegründung fragt, eigentlich metaethische Interessen verfolgt, geht es in einer Ethik für »Diskurse« um eine ethische Verbesserung der Argumentationspraxis durch eine verhaltensethische Verbesserung der Argumentierenden. Eine solche Ethik könnte man etwa als Ziel von Norbert Groebens Projekt »Argumentationsintegrität« vermuten.[171] Dabei meint »Argumentationsintegrität« eine Grundnorm, die verlangt, »nicht wissentlich etwas zu tun, was den Argumentationsbedingungen und folglich den Zielmarken des Gesprächstyps ›Argumentation‹ zuwiderläuft«[172].

Genauerhin verlangt diese Grundnorm eine sowohl formal wie inhaltlich bestimmbare »Rationalität« und »Kooperativität«, die schließlich ihrerseits in elf normative Standards integren Argumentierens ausdifferenzierbar sind, z.B.: »Unterlasse es, absichtlich in nicht stringenter Weise zu argumentieren.« Diese Standards sind ebenso wie die Grundnorm, deren präskriptiven Gehalt sie operationalisieren, nicht nur rekonstruktiv aus der einschlägigen Literatur gewonnen, sondern auch empirisch validisiert durch Bewertungstests argumentativen Verhaltens. Diese Standards integren Argumentierens lassen sich demnach als Repräsentanz eines intuitiven Wissens der Argumentierenden verstehen, an das appelliert werden kann, wenn integres Argumentieren eingeklagt werden soll.

Ganz anders das in den Siebzigerjahren entwickelte und philosophisch ambitionierte Projekt »Diskursethik«! Zwar verfährt auch dieses Projekt rekonstruktiv, doch ist seine Informationsquelle nicht die einschlägige Literatur oder gar das empirisch abgefragte intuitive Wissen der Argumentierenden, sondern die transzendental- bzw. universalpragmatische Reflexion selbst, d.h. die methodische Bewusstmachung der Bedingungen, die immer schon ratifiziert haben muss, wer argumentieren will. Philosophisch ist dieses Projekt relevant, weil es nach dem Willen seiner Verfechter dem desaströsen Theorem zu widersprechen vermag, jede Argumentation müsse aufgrund ihrer Methodologie in eine infinite Regressdynamik führen. Selbst wenn man nicht wie Apel von einer »Letztbegründung(schance)« reden will, begründungstheoretisch relevant ist dieses Projekt allemal; es kann nämlich Argumentierende »durch Reflexion auf den Sinn ihres Tuns« zur Bejahung der normativen Implikate dieses Tuns nötigen, in dessen »Vernünftigsein« Kants »Faktum der Vernunft« dechiffrierbar wird. (A-DV, 353 f.)

Und was sind solche normativ notwendigen Implikate jedes Argumentierens, die selbst seine bloß strategische Instrumentalisierung (z.B. beim Überreden) vorschützen muss, will es Erfolg haben? Wenn nach dem diskursiven »Moralprinzip« gilt: »Gültig sind genau die Handlungsnormen, denen alle möglicherweise Betroffenen als Teilnehmer an rationalen Diskursen zustimmen können« (H-FG, 138), dann gilt auch: Argumentieren impliziert die Anerkennung aller argumentativ legitimierbaren Geltungsansprüche sowie die Selbstverpflichtung zur Legitimierung der eigenen Geltungsansprüche.[173] Das ist sicher nur eine Minimalethik, doch ihre fallbezogene Anwendung – etwa im Bereich des Menschenrechtsdiskurses – führt recht schnell zu konkreten und aktuellen Konsequenzen: »Der normative Gehalt, der in den stillschweigenden Präsuppositionen eines jeden auf Verständigung abzielenden Diskurses enthalten ist«, sprengt »per se alle partikularen Lebensformen« (H-FG, 58) und fördert »Beziehungen der gegenseitigen Anerkennung, der wechselseitigen Perspektivenübernahme, der gemeinsam unterstellten Bereitschaft, die eigenen Traditionen auch mit den Augen eines Fremden zu betrachten, voneinander zu lernen usw.« (H-PK, 192).

Diese beispielhafte Applikation der »Diskursethik« verspricht in dem Maße allgemein aktuell zu werden, in dem eine posttraditionale Moral immer mehr ohne ontologischen oder religiösen Rückhalt auskommen muss und »der Selbstverständlichkeitsverlust [bereits] ganz selbstverständlich geworden ist«[174] und in dem gleichzeitig eine globalisierte Welt nach globalisierungsfähigen Normen verlangt, die sich nicht als Instrumente kulturalistischer Kolonisation diffamieren lassen.

Faszinierend bleibt unter solchen Bedingungen der hier nur angedeutete Gedanke einer Moral, die in der Tat eine posttraditionale Moral für eine globalisierte Welt sein könnte; denn ihre Prinzipien wären insoweit global, wie die Verständigungsprozeduren global sind, aus deren Bedingungen diese Moral durch reflexive Vergewisserung gewonnen wird.

Anhang

Anmerkungen

1 Vgl. die Bibliographie von: M. Nussbaumer, Argumentation und Argumentationstheorie, Heidelberg 1995; seit 1986 gibt es eine »International Society For The Study of Argumentation« (ISSA), seit 1997 die Zeitschrift *Argumentation*, außerdem ein Zentrum für »Discourse and Argumentation Studies« (DASA) an der Universität Amsterdam, ein »Centre Européen pour l'Etude de l'Argumentation« an der Universität Brüssel.

2 Vgl. A. Bremerich-Vos, Populäre rhetorische Ratgeber, Tübingen 1991.

3 Vgl. dazu: J. Kopperschmidt (Hg.), Rhetorische Anthropologie, München 2000.

4 Zum Begriff vgl.: H-ZR; H-MO, 29 ff.

5 Vgl. R. Alexy, Theorie der juristischen Argumentation, 3. Aufl., Frankfurt/M. 1996; F. Haft, Juristische Rhetorik, 6. Aufl., Freiburg/München 1999.

6 Vgl. neben Anm. 5 u.a.: C.F. Gethmann (Hg.), Theorie des wissenschaftlichen Argumentierens, Frankfurt/M. 1980; H. Paschen / L.Wigger (Hg.), Pädagogisches Argumentieren, Weinheim 1992; J. Walther, Philosophisches Argumentieren, Freiburg 1990; T. Zoglauer, Normenkonflikte, Stuttgart-Bad Cannstatt 1998.

7 M. Horx, Das Zukunfts-Manifest, Düsseldorf 1997, S. 278.

8 Vgl. W. Welsch, Vernunft und Übergang, in: Zeitschrift für Ethik und Sozialwissenschaft (EuS), 11 (2000), S. 58 ff.

9 Vgl. M. Horkheimer, Zur Kritik der instrumentellen Vernunft, Frankfurt/M. 1997.

10 Vgl. M. Horkheimer / Th. W. Adorno, Dialektik der Aufklärung, in: M. Horkheimer, Gesammelte Schriften, Bd. 5, Frankfurt/M. 1987, S. 25 ff.

11 So Schnädelbach – freilich kritisch – in S-RE, 61 ff.; S-RB; S-RT; R. Specht, Die Vernunft des Rationalismus, in: S-R, 70 ff. Dagegen H-SE; K. Gloy, Rationalitätstypen, Freiburg 1999.

12 Vgl. Themenheft Revue Internationale de Philosophie 50 (1996); EuS 9 (1998/1) und 11 (2000/1).

13 Zit. nach: Die Zeit, 10.6.1999, S. 51.

14 Vgl. B. Baron v. Freytag gen. Löringhoff, Logik, Zürich/Wien 1955, S. 91.

15 Vgl. dazu: J. Kopperschmidt/H. Schanze (Hg.), Nietzsche oder »Die Sprache ist Rhetorik«, München 1994 (bes. der Beitrag von G. Most/ T. Fries).

16 Vgl. N. Bolz, Die Konformisten des Andersseins, München 1999, S. 8, 42; vgl. neben Anm. 11 und 12: A. Becker/W. Küpper/G. Ortmann, Revisionen der Rationalität, in: W. Küpper/G. Ortmann (Hg.), Mikropolitik, Opladen 1988, S. 89ff.

17 Vgl. U. Beck/E. Beck-Gernsheim, Individualisierung in modernen Gesellschaften, in: dies. (Hg.), Riskante Freiheiten, Frankfurt/M. 1994, S. 10ff.; O. Marquard, Der angeklagte und der entlastete Mensch in der Philosophie des 18. Jahrhunderts, in: B. Fabian u.a. (Hg.), Deutschlands kulturelle Entfaltung, München 1980, S. 193ff.

18 Vgl. G. Schulze, Die Erlebnisgesellschaft, 2. Aufl., Frankfurt/M./New York 1992, S. 48ff.

19 Vgl. dazu: J. Kopperschmidt, Rhetorik als Medium der politischen Deliberation, in: ders. (Hg.), Politik und Rhetorik, Opladen 1995, S. 74ff. Der moderne Äquivalenzbegriff lautet »Kontingenz«.

20 Vgl. U. Beck/E. Beck-Gernsheim, Individualisierung, a.a.O., S. 18; C. Clermont/J. Goebel, Die Tugend der Orientierungslosigkeit, Berlin 1997.

21 Vgl. H.-J. Giegel, Einleitung, in: ders. (Hg.), Kommunikation und Konsens in der modernen Gesellschaft, Frankfurt/M. 1992, S. 8.

22 Vgl. P. Singer, Praktische Ethik, Stuttgart 1980; U. Neumann, Die Tyrannei der Würde, in: Archiv für Rechts- und Sozialphilosophie 84 (1998).

23 Vgl. dazu: W. Kuhlmann, Die Idee des Diskurses und die Idee der Demokratie, in: H. Burckhart (Hg.), Diskurs über Sprache, FS für E. Braun, Würzburg 1994, S. 83ff.; J. Kopperschmidt (Hg.), Politik und Rhetorik, a.a.O., S. 210ff.

24 U. Beck/A. Giddens/S. Lash, Reflexive Modernisierung, Frankfurt/M. 1996; U. Beck, Schöne neue Arbeitswelt, Frankfurt/M./New York 1999, S. 22ff.

25 Vgl. J. Kopperschmidt (Hg.), Politik und Rhetorik, a.a.O.
26 U. Beck, Die Erfindung des Politischen, Frankfurt/M. 1993.
27 G.W.F. Hegel, Werke in zwanzig Bänden, Bd. 12, Frankfurt/M. 1976.
28 Vgl. u.a. Aristoteles, Nikomachische Ethik, 1094, 1098.
29 Quintilian, De argumentis, in: ders., Institutio Oratoria, V 10; dazu: J. Kopperschmidt, Quintilian De argumentis, in: ders., Rhetorica, Hildesheim 1985, S. 51 ff.; zu den Begriffen »Argument«/»Argumentation« vgl. die Artikel von M. Kienpointner bzw. E. Eggs in: Historisches Wörterbuch der Rhetorik, Bd. 1, Tübingen 1992, S. 889 ff. bzw. 904 ff.
30 C. Meier, Athen, Berlin 1993, S. 108.
31 Vgl. S. Toulmin, Die Verleumdung der Rhetorik, in: Neue Hefte für Philosophie 26 (1986), S. 55 ff.
32 Vgl. dazu den Artikel von K. Lorenz in: Historisches Wörterbuch der Philosophie, Bd. 5, Basel 1980, S. 402 ff.
33 Vgl. J. Kopperschmidt, Rhetorik als Medium, a.a.O.
34 Vgl. H. Jonas, Das Prinzip Verantwortung, Frankfurt/M. 1984, bes. S. 172 ff.
35 Vgl. Aristoteles, Metaphysik, 983a ff.
36 Vgl. J. Kopperschmidt, Methodik, a.a.O., S. 45 ff., 133 ff., 138 ff.
37 Diese auf Thomas von Aquin zurückgehende Lehre meint die unmittelbar und notwendig aus seinem Wesen ableitbaren Bestimmungen des Seins wie vor allem Einheit, Wahrheit, Gutheit.
38 Zu anderer Terminologie vgl. etwa: A-BE; J. Klein, Die konklusiven Sprechhandlungen, Tübingen 1987, S. 23 ff.
39 Vgl. A. Schopenhauer, Über die vierfache Wurzel des Satzes vom zureichenden Grunde, in: ders., Zürcher Ausgabe, Bd. V, Zürich 1977; s.u. Kap. 4.
40 Vgl. E. Tugendhat, Vorlesungen zur Einführung in die sprachanalytische Philosophie, 2. Aufl., Frankfurt/M. 1979, S. 255; H-FG, 11 ff.
41 Vgl. neben Kap. 3, 6 und 7 zu dem vielfach disziplinär verwendeten Schema-Begriff und seiner komplexitätsreduzierenden Funktion u.a. L-GG, 546 ff.
42 Zum Diskursbegriff vgl. den Art. von D. Böhler/H. Gronke in: Historisches Wörterbuch der Rhetorik, Bd. 2, Tübingen 1994, S. 764 ff. Um »Diskurs« im Sinne von Habermas als Reflexionsform »kommunikativen Handelns« strikt von »Diskurs« als der pragmatischen Ein-

heit von Kommunikation zu unterscheiden, wird der Begriff im ersten Sinne stets in Anführungsstriche gesetzt.

43 Zur terminologischen Differenzierung zwischen Aussage, Äußerung und Sprechhandlung vgl. Kap. 7.

44 Vgl. J. Kopperschmidt, Methodik, a.a.O., S. 116 ff.; W. Kuhlmann, Zum Spannungsfeld Überreden und Überzeugen, in: ders. (Hg.), Sprachphilosophie, Hermeneutik, Ethik, Würzburg 1992, S. 73 ff.; H-MO, 100; H-FG, 53 ff., 278.

45 Aus: Rheinische Post, 9.10.1997, S. 1.

46 Aus: SZ, 8.1.1998, S. 2.

47 Aus: Rheinische Post, 15.2.1999, S. 1.

48 Vgl. Quintilian, Institutio Oratoria, V 10, 8: »ratio per ea, quae certa sunt, fidem dubiis adferens: quae natura est omnium argumentorum«. Vgl. dazu: J. Kopperschmidt, Quintilian De argumentis, a.a.O.

49 Vgl. Quintilian, Institutio Oratoria, V 10, 11.

50 Vgl. H. Albert, Traktat über kritische Vernunft, Tübingen 1969, S. 12 ff.; ders., Kritische Vernunft und menschliche Praxis, Stuttgart 1977, S. 34 ff., 105 ff.

51 Vgl. J. Klein, Die konklusiven Sprechhandlungen, a.a.O.

52 Aus: Die Zeit, 25.2.1999, S. 68.

53 Vgl. C.F. Gethmann, Protologik, Frankfurt/M. 1979, S. 93; S-RD, 264 ff.; vgl. Kap. 6 zu Toulmin.

54 Vgl. L. Huth, »Das ist doch kein Argument!«, in: J. Kopperschmidt/H. Schanze (Hg.), Argumente – Argumentation, München 1985, S. 153 ff.

55 Vgl. Aristoteles, Rhetorik, 1358a.

56 Vgl. I. Bubis, Damit bin ich noch längst nicht fertig, Frankfurt/M./New York 1996, S. 181 ff.

57 Aus: Die Zeit, 7.7.1999, S. 5.

58 L. Wittgenstein, Über Gewißheit, Frankfurt/M. 1971, S. 73; vgl. Aristoteles, Rhetorik, 1356b 28; C. Perelman/L. Olbrechts-Tyteca, Traité de l'Argumentation, Brüssel 1970, § 28: Eigentlich ist »jede Argumentation eine Argumentation ad hominem«. Oder anders gesagt: »Überzeugen« ist eigentlich nur als selbstreferenzieller Akt möglich.

59 Vgl. A. Ros, Begründung und Begriff, 2 Bde., Hamburg 1989 und 1990.

60 Vgl. J. Kopperschmidt, Lógon didónai als argumentatives Grundprinzip, in: H. Barthel (Hg.), Lógon didónai. Gespräch und Verantwortung, München/Basel 1996, S. 74 ff.

61 Vgl. Platon, Symposion, 216c.
62 Ders., Laches, 187d/188a.
63 Vgl. G. Patzig, Mehr als bloße Üblichkeiten, in: FAZ, 23.1.1999, S. III.
64 »Plausibel« heißt wörtlich: Beifall finden. Vgl. L-GG, 548.
65 Vgl. O. Marquard, Apologie des Zufälligen, Stuttgart 1986; L-SY, 291 ff.; H. Lübbe, Praxis der Philosophie, Praktische Philosophie, Geschichtstheorie, Stuttgart 1978, S. 123 ff.; R. Alexy, Argumentationstheorie, a.a.O., S. 242 ff.
66 Vgl. J.W.F. Hegel, Vorlesungen über die Geschichte der Philosophie, in: ders., Werke in zwanzig Bänden, Bd. 18, Frankfurt/M. 1971, S. 420.
67 Vgl. Platon, Laches, 187d; A-BE; M. Kettner, Gute Gründe, in: H. Apel/M. Kettner, Die eine Vernunft, a.a.O., S. 424 ff.
68 Vgl. S-RE, 61 ff.; M. Kettner, Gute Gründe, a.a.O., S. 442.
69 Blumenberg spricht von »Zustimmung auf Widerruf«, in: H. Blumenberg, Anthropologische Annäherung an die Rhetorik, in: ders., Wirklichkeiten, in denen wir leben, Stuttgart 1981, S. 105 ff., hier S. 112.
70 C. Perelman/L. Olbrechts-Tyteca, Traité, a.a.O., § 7.
71 Vgl. I. Kant, Zum ewigen Frieden, in: ders., Von den Träumen der Vernunft, Wiesbaden 1979, S. 415 ff.
72 Zum Oxymoron »zwangloser Zwang« vgl. H-WT; H-EA, 12; H-FG, 41; J. Kopperschmidt, Methodik, a.a.O., S. 115 f. Der Begriff »zwanglose Vernunft« stammt aus Kants *Kritik der reinen Vernunft.*
73 H-ND, 42 ff.; U. Anacker, Art. »Vernunft«, in: Handwörterbuch philosophischer Grundbegriffe, Bd. 6, München 1974, S. 1607 ff.
74 R. Bubner, Dialektik als Topik, Frankfurt/M. 1990, S. 65; ders., Was ist ein Argument? in: G. Ueding/T. Vogel (Hg.), Von der Kunst der Rede und Beredsamkeit, Tübingen 1988, S. 115 ff., hier S. 128 f.
75 A. Schopenhauer, Über die vierfache Wurzel, a.a.O., S. 173.
76 Vgl. M. Kettner, Gute Gründe, a.a.O., S. 437 ff.
77 Vgl. den religoiden Vernunftkult in der Französischen Revolution; vgl. dazu: D. Düding/P. Friedemann/P. Münch (Hg.), Öffentliche Festkultur, Reinbek 1988.
78 Zum Begriff »vertraut« vgl. neben Anm. 79: Z. Bauman, Moderne und Ambivalenz, Frankfurt/M. 1995, S. 80 ff. Wirklich unvertraut ist nicht der Feind, sondern der Fremde. Auch »transitional objects« (D.W. Winnicott) erweitern den Raum des Vertrauten (nicht nur für Kinder).

79 Vgl. P. Fuchs, Die Erreichbarkeit der Gesellschaft, Frankfurt/M. 1992, S. 117 ff., 125 ff.

80 Die Rhetorizität liegt darin begründet, dass es Rhetorik originär mit Geltungssicherungen zu tun hat, für dic nur dieser Binärcode einschlägig ist. Vgl. dazu: J. Kopperschmidt, Rhetorik als Medium, a.a.O., S. 91 ff.

81 Vgl. Platon, Theaitet, 167a; J. Kopperschmidt, Die Entdeckung, a.a.O.

82 Vgl. G. Bien, Art. »Hypolepsis«, in: Historisches Wörterbuch der Philosophie, Bd. 3, Basel 1974, S. 1252 ff.

83 Vgl. O. Marquard, Abschied vom Prinzipiellen, Stuttgart 1982, S. 76; L-GG, 190 ff.

84 Vgl. J. Kopperschmidt, Nietzsches Entdeckung der Rhetorik, in: ders./H. Schanze, Nietzsche, a.a.O., S. 39 ff.

85 Z. Bauman, Wir sind wie Landstreicher. Die Moral im Zeitalter der Beliebigkeit, in: SZ, 16./17.11.1993, S. 17.

86 Vgl. L. Wittgenstein, Über Gewißheit, a.a.O., § 122: »Braucht man zum Zweifel nicht Gründe?«

87 Vgl. M. Kraus, Art. »Enthymem«, in: Historisches Wörterbuch der Rhetorik, Bd. 2, Tübingen 1994, S. 1197 ff.; R. Bubner, Dialektik, a.a.O.

88 Aristoteles, Zweite Analytik, 71a.

89 Vgl. ders., Rhetorik, 1355a.

90 L. Wittgenstein, Philosophische Untersuchungen, Frankfurt/M. 1971, § 109.

91 H. Blumenberg, Anthropologische Annäherung, a.a.O., S. 130.

92 M. Kettner, Gute Gründe, a.a.O., S. 440, 446.

93 H. Lenk, Philosophische Logikbegründung und rationaler Kritizismus, in: Ztschr. f. Phil. Forschung 24 (1970), S. 183 ff.

94 Vgl. D. Böhler, Transzendentalpragmatik und kritische Moral, in: W. Kuhlmann/D. Böhler (Hg.), Kommunikation und Reflexion, Frankfurt/M. 1982, S. 91; J. Kopperschmidt, Argumentation als Sprachspiel, a.a.O.

95 Vgl. die Beiträge im entsprechenden Themenheft der Ztschr. für Literaturwissenschaft und Linguistik 38/39 (1980).

96 Vgl. T.A. van Dijk, Textwissenschaft, München 1980, S. 128 ff.

97 Vgl. C.A. Willard, A Theory of Argumentation, Alabama 1989; zum Tratsch vgl.: R. Dunbar, Klatsch und Tratsch, München 1996.

98 Vgl. R. Spaemann, Descartes' provisorische Moral, in: Epirrhosis, FS für C. Schmitt, Teil II, Berlin 1968, S. 683 ff.

99 Vgl. H-VE, 598; H-FG, 43 ff., 54 ff.; H.-J. Giegel, Einleitung, a.a.O.

100 Vgl. Aristoteles, Topik, 104b/105a, 164b.

101 H.-J. Giegel, Einleitung, a.a.O., S. 9.

102 H. Schelsky, Auf der Suche nach Wirklichkeit, München 1979, S. 268 ff.

103 A. Hahn, Verständigung als Strategie, in: M. Haller/H.-J. Hoffmann-Nowottny/W. Zapf (Hg.), Kultur und Gesellschaft, Frankfurt/M./New York 1989, S. 354 ff.

104 U. Schimank, Spezifische Interessenkonsense trotz generellem Orientierungsdissens, in: H.-J. Giegel, Kommunikation und Konsens in der modernen Gesellschaft, Frankfurt/M. 1992, S. 236 ff.

105 Vgl. M. Miller, Kollektive Lernprozesse, Frankfurt/M. 1986; P.-L. Völzing, Kinder argumentieren, Paderborn/München/Wien/Zürich 1981.

106 Aristoteles, Topik, 161a. In Anlehnung an Kant könnte man von der Chance der »erweiterten Denkungsart« sprechen. (I. Kant, Kritik der Urteilskraft, § 40)

107 S. Aust, Der Baader-Meinhof-Komplex, Hamburg 1997, S. 60.

108 Vgl. J. Kopperschmidt, Martin Walser oder Die unendliche Rede, in: Deutschunterricht LI (1999/3), S. 85 ff. Walsers Rede »Über freie und unfreie Rede« erschien in: Der Spiegel 45 (1994), S. 130 ff.

109 Vgl. H. Lübbe, Politischer Moralismus, Berlin 1987, S. 60 ff.

110 Meist an der Vergleichspartikel »auch« in diffamierender Absicht; darum spricht W. Dieckmann (Information oder Überredung, Marburg 1964, S. 143 ff.) auch von »Diffamierung durch Assoziation«.

111 Vgl. dazu: P. Sloterdijk, Kritik der zynischen Vernunft, Frankfurt/M. 1983, S. 44 ff.

112 Vgl. T. S. Kuhn, Die Struktur wissenschaftlicher Revolutionen, Frankfurt/M. 1967.

113 J. Habermas, Bestialität und Humanität, in: Die Zeit, 29.4.1999, S. 1 f.

114 Darum kann sie ihr kontrafaktischer Charakter auch nicht widerlegen.

115 Vgl. Quintilian, De argumentis.

116 Vgl. S. Toulmin, Die Verleumdung, a.a.O.

117 F. Nietzsche, Sämtliche Werke. Kritische Studienausgabe, Bd. 12, München 1988, S. 149.
118 Vgl. L. Huth, »Das ist doch kein Argument!«, a. a. O.
119 M. Weber, Politik als Beruf (1919/1926), Stuttgart 1992, S. 79 ff.
120 Aus: Rheinische Post, 27. 3. 1999, S. 2.
121 Vgl. J.-F. Lyotard, Der Widerstreit, München 1987; vgl. dazu: W. Reese-Schäfer, Lyotard zur Einführung, Hamburg 1995; J. Kopperschmidt, Kann man Auschwitz beweisen?, in: Muttersprache 103 (1993), S. 332 ff.
122 J.-F. Lyotard, Der Widerstreit, a. a. O., S. 9.
123 Vgl. W. Welsch, Unsere postmoderne Moderne, Weinheim 1988, S. 233.
124 Vgl. T-GA, S. 32 ff. zum Modalverb »nicht können«. Heute gilt: »Die Welt ist [...], was relativ auf den Code der Fall ist.« (P. Fuchs, Die Erreichbarkeit, a. a. O., S. 77)
125 Vgl. J.-F. Lyotard, Postmoderne Moralitäten, Wien 1998.
126 W. Kuhlmann, Die Idee des Diskurses, a. a. O., S. 83 ff.
127 Vgl. R. Bubner, Dialektik, a. a. O.
128 Vgl. W. Welsch, Vielheit ohne Einheit?, in: Philosophisches Jahrbuch 94 (1987), S. 111 ff.; ders., Vernunft. Die zeitgenössische Vernunftkritik und das Konzept der transversalen Vernunft, Frankfurt/M. 1996.
129 Vgl. Anm. 128 und R. Koselleck, Kritik und Krise, Frankfurt/M. 1989.
130 Vgl. W. Welsch, Und sie bewegt sich doch, in: Universitas 46 (1991), S. 1145.
131 Vgl. J. Habermas, Bestialität, a. a. O.; E. O. Czempiel, Seltsame Stille, in: Die Zeit, 31. 3. 1999, S. 7.
132 J. Rawls, Politischer Liberalismus, Frankfurt/M. 1998, S. 132 ff., 219 ff.
133 Ebenda, S. 81 ff., 105 ff.
134 Vgl. ebenda, S. 120 ff., 212 ff.
135 Ebenda, S. 266 ff.
136 A. Hahn, Verständigung, a. a. O., S. 354 ff.; vgl. H-J. Giegel, Einleitung, in: ders., Kommunikation, a. a. O.
137 H-ZR, 63 ff.; H-MO, 127 ff.; K. Ehlich / J. Rehbein, Begründen, in: dies., Muster und Institution, Tübingen 1986, S. 88 ff.; D. Koehler, Die Entwicklung der Argumentationsfähigkeit von Kindern, Diss. Mainz 1992; B. Pikowsky, Partnerbezogenes Argumentieren?, Frank-

furt/M. 1993; I. Meisner, Argumentation in natürlicher Sprache. Eine empirische Untersuchung geschlechtstypischer Argumentationsformen, Frankfurt/M. 1981; D. Horster, Weibliche Moral – ein Mythos?, Frankfurt/M. 1998; A.O. Hirschman, Denken gegen die Zukunft. Die Rhetorik der Reaktion, Frankfurt/M. 1995.

138 H-ZR, 9ff., 278; H-TK I, 104; H-FG, 54ff.; G. Smith / M. Kroß (Hg.), Die ungewisse Evidenz. Für eine Kulturgeschichte des Beweises, Berlin 1998.

139 Vgl. M. Jung, Öffentlichkeit und Sprachwandel, Opladen 1994 (Atomdiskurs); M. Wengeler, Sprachthematisierungen in argumentativer Funktion, in: K. Böke / M. Jung/M. Wengeler (Hg.), Öffentlicher Sprachgebrauch, Opladen 1996, S. 413ff.; H. Paschen / L. Wigger (Hg.), Schulautonomie, a.a.O.; P. Gonon, Das internationale Argument in der Bildungsreform, Bern 1998.

140 Zum Begriff »Argumentationsmuster« vgl. u.a.: J. Kopperschmidt, Methodik, a.a.O., S. 178ff.; M. Kienpointner, Alltagslogik, a.a.O.; W. Luutz, Argumentationsmuster, in: ders. (Hg.), »Das soziale Band ist zerrissen«, Leipzig 1994, S. 158ff.; M. Wengeler, Argumentationsmuster im Einwanderungsdiskurs, in: M. Jung/M. Wengeler/ K. Böke (Hg.), Die Sprache des Migrationsdiskurses, Opladen 1997, S. 257ff.

141 R. Bubner, Dialektik, a.a.O.; H. Lausberg, Handbuch, a.a.O., § 373ff.

142 K.O. Hondrich, Unter der Wolke hilflos, in: Der Spiegel 21 (1986), S. 44.

143 Vgl. T.K. Grabenhorst, Das argumentum a fortiori, Frankfurt/M. 1990.

144 D. Cohn-Bendit, in: Die Zeit, 7.1.1999, S.5.

145 U. Meinhof, Napalm und Pudding, in: konkret 5 (1967).

146 R. Süssmuth, in: Rheinische Post, 20.1.1999, S.2.

147 H. Schuh, Streit ums frühe Leben, in: Die Zeit, 7.1.1999, S. 23.

148 Quintilian, Institutio Oratoria, V 10, 87; H. Lausberg, Handbuch, a.a.O., § 395ff.

149 Vgl. C. Perelman / L. Olbrechts-Tyteca, Traité, a.a.O., § 70.

150 Vgl. G. Gabriel, Logik, a.a.O., Kap. 2; P. Mengel, Analogien als Argumente, Frankfurt/M. / Berlin 1995.

151 Vgl. G. Gabriel, Logik, a.a.O., Kap. 8.

152 Quintilian, Institutio Oratoria, V 10, 8.

153 Während Aristoteles über 300 und Perelman rund 100 solcher Muster glaubt unterscheiden zu können, spricht Kienpointner von etwa 60.

154 Vgl. M. Kienpointner, Vernünftig argumentieren. Regeln und Techniken der Diskussion, Reinbek 1996; Themenheft »Rhetorik in der Schule«, in: Rhetorik 17 (1998); G. Brünner/R. Fiehler/W. Kindt (Hg.), Angewandte Diskursforschung, Bd. 2, Opladen 1999, S. 18 ff., 126 ff., 226 ff.; L. Bahmer, Art. »Didaktik«, in: Historisches Wörterbuch der Rhetorik, Bd. 2, Tübingen 1994, S. 736 ff.

155 Vgl. F. van Eemeren/R. Grootendorst, Speech Acts in Argumentative Discussions, Dordrecht 1984.

156 Zum richtigen Verständnis vgl.: H-MO, 180; H-FG, 279.

157 M. Kienpointner, Vernünftig argumentieren, a.a.O., S. 27.

158 Vgl. J. Kopperschmidt, Methodik, a.a.O.; T. van Dijk (Hg.), Handbook of Discourse Analysis, 4 Bde., London 1985; R. Bachem, Art. »Analyse«, in: Historisches Wörterbuch der Rhetorik, Bd. 1, Tübingen 1992, S. 514 ff. Zur Analysemethode des Mannheimer Forschungsprojekts »Argumentation im familiären Dialog« vgl. u.a.: Th. Spranz-Fogasy/M. Hofer/B. Pikowsky, Mannheimer ArgumentationsKategorienSystem, in: Linguistische Berichte 141 (1992), S. 350 ff.

159 Normalerweise hat man es bei konkreten Argumenten freilich sowenig mit Aussagen (im Wortsinn) zu tun wie bei anderen Formen kommunikativer Sprachverwendung. Statt von »Aussagen« müsste man daher von »Sprechhandlungen«, »Äußerungen«, »Redeakten« usw. sprechen, wobei das, was bisher »Aussage« genannt wurde, nur deren propositionalen Gehalt benennt. Der aber ist für eine argumentative Geltungssicherung elementar. Um ihn freilegen zu können, darf man sich nicht von dem sprechhandlungsspezifischen Charakter einer Äußerung irritieren lassen. Wie sie auch immer (illokutiv) zu bestimmen ist, im Kontext ihrer argumentativen Funktionalisierung ist sie eine Behauptung, weil problematisierte Geltungsansprüche nur durch Behaupten einschlägiger Geltungsbeziehungen methodisch sicherbar sind. Entsprechend gehört zu jeder Argumentationsanalyse, insofern sie geltungslogische Beziehungen mikro- und makrostrukturell rekonstruieren will, auch dies: Sie muss aus den verschiedenen kontextualisierten Äußerungen, deren Vernetzung

die jeweilige Textstruktur mit je eigenem textsortenspezifischem Profil ergibt, deren propositionalen Gehalt erst freilegen, um dann den jeweiligen Beitrag zu bestimmen, den er funktional für die Sicherung des betreffenden Geltungsanspruchs leistet. In lockerer Anlehnung an eine grammatiktheoretische Metaphorik könnte man diese Freilegung auch so umschreiben: aus der gelegentlich verwirrenden Oberflächenstruktur eines argumentativ funktionalisierten Textes dessen argumentative Tiefenstruktur herauszupräparieren. Das ist im Einzelfall nicht ganz leicht, weil das o.g. argumentative Grundmuster »p gilt, weil q gilt« in seinen verschiedenen Musterrealisierungen bis zur Unkenntlichkeit variierbar ist.

160 Vgl. J. Habermas, Sklavenherrschaft der Gene, in: SZ, 17./18.1.1998, S. 3; ders., Biologie kennt keine Moral, in: Die Zeit, 19.2.1998, S. 34; ders., Zwischen Dasein und Design, in: Die Zeit, 12.3.1998, S. 41.

161 Ders., Biologie kennt keine Moral, a.a.O.

162 Rheinische Post, 8.9.1998, S. 45.

163 D.E. Zimmer, Eineiige Zwillinge sollen Zufall bleiben, in: Die Zeit, 12.2.1998, S. 28.

164 Vgl. J. Schiewe, Die Macht der Sprache. Eine Geschichte der Sprachkritik von der Antike bis zur Gegenwart, München 1998; J. Kopperschmidt, Gibt es Kriterien politischer Rhetorik?, in: Diskussion Deutsch 115 (1990), S. 479 ff.

165 Vgl. J. Kopperschmidt, Martin Walser oder Die unendliche Rede, in: Der Deutschunterricht LI (1999/3), S. 85 ff.; ders., Was macht Walsers Paulskirchenrede eigentlich preiswürdig?, in: Rhetorik 18 (1999), S. 128 ff.

166 Vgl. dazu A-DV; K.-O. Apel, Grenzen der Diskursethik, in: Ztschr. für philosophische Forschung 40 (1986/1), S. 1 ff.; ders. u.a. (Hg.), Zur Anwendung der Diskursethik in Politik, Recht und Wissenschaft, Frankfurt/M. 1992; W. Kuhlmann, Sprachphilosophie, a.a.O., S. 164 ff., 224 ff.; G. Schönrich, Bei Gelegenheit Diskurs, Frankfurt/M. 1994; W. Reese-Schäfer, Grenzgötter der Moral, Frankfurt/M. 1997; H-MO; H-ED; H-FG, 141 ff.

167 H-PK, 195 ff.; U. Beck u.a., Reflexive Modernisierung, a.a.O.

168 Vgl. Z. Bauman, Moderne, a.a.O., S. 35 ff.

169 A-TP; K.-O. Apel, Auseinandersetzungen in Erprobung des transzendentalpragmatischen Ansatzes, Frankfurt/M. 1998; H-UP.

170 Damit ist eine propositionale Negation dessen gemeint, was man im Akt der Negation performativ beansprucht. Vgl. M. Kettner, Ansatz zu einer Taxonomie performativer Selbstwidersprüche, in: A. Dorschel u.a. (Hg.), Transzendentalpragmatik, Frankfurt/M. 1993, S. 187ff.

171 Eine gute Übersicht gibt: M. Schreier, Das Erkennen sprachlicher Täuschungen, Münster 1997. Vgl. auch: N. Groeben/M. Schreier/U. Christman, Fairneß beim Argumentieren: Argumentationsintegrität als Wertkonzept einer Ethik der Kommunikation, in: Linguistische Berichte 147 (1993), S. 355ff.

172 N. Groeben/M. Schreier/U. Christman, Fairneß, a.a.O., S. 371.

173 Vgl. A-TP I, 424; D. Böhler, Transzendentalpragmatik und kritische Moral, in: W. Kuhlmann/D. Böhler (Hg.), Kommunikation und Reflexion, Würzburg 1992, S. 98ff.; ders./H. Gronke, Art. »Diskurs«, a.a.O., bes. S. 813ff.

174 N. Bolz, Die Konformisten, a.a.O., S. 17ff.

Literaturhinweise

Alexy, R., Theorie der juristischen Argumentation, 3. Aufl., Frankfurt/M. 1996.

Apel, K.-O., Transformation der Philosophie, 2 Bde., Frankfurt/M. 1973.

Ders., Das Problem der philosophischen Letztbegründung im Lichte transzendentaler Sprachpragmatik, in: B. Kanitschneider (Hg.), Sprache und Erkenntnis, Innsbruck 1976, S. 55 ff.

Ders., Diskurs und Verantwortung, Frankfurt/M. 1990.

Ders., Art. »Begründung«, in: H. Seifert/G. Radnitzky (Hg.), Handlexikon zur Wissenschaftstheorie, München 1989, S. 14 ff.

Ders./M. Kettner (Hg.), Die eine Vernunft und die vielen Rationalitäten, Frankfurt/M. 1996.

Argumentation. Zeitschrift für Literaturwissenschaft und Linguistik (LiLi) 38/39 (1980).

Bauman, Z., Moderne und Ambivalenz, Frankfurt/M. 1995.

Bayer, K., Argument und Argumentation. Logische Grundlagen der Argumentationsanalyse, Opladen/Wiesbaden 1999.

Beck, U., Risikogesellschaft, Frankfurt/M. 1986.

Ders./E. Beck-Gernsheim, Riskante Freiheiten, Frankfurt/M. 1994.

Ders./A. Giddens/S. Lash, Reflexive Modernisierung, Frankfurt/M. 1996.

Berk, U., Konstruktive Argumentationstheorie, Stuttgart-Bad Cannstatt 1979.

Blumenberg, H., Wirklichkeiten, in denen wir leben, Stuttgart 1981.

Bolz, N., Die Konformisten des Andersseins, München 1999.

Bornscheuer, L., Topik, Frankfurt/M. 1976.

Brandom, R.B., Making it Explicit. Reasoning, Representing and Discursive Commitment, Cambridge/M. 1994.

Bubner, R., Dialektik als Topik, Frankfurt/M. 1990.

Bühler, A., Einführung in die Logik, Argumentation und Folgerung, 2. Aufl., Freiburg 1997.

Declerq, G., L'art d'argumenter, Paris 1993.

Deimer, G., Argumentative Dialoge, Tübingen 1975.
Eemeren, F. H. van / R. Grootendorst / T. Kruiger, The Study of Argumentation, New York 1984.
Eemeren, F. H. van / R. Grootendorst, Handbook of Argumentation Theory, Dordrecht 1987.
Eemeren, F. H. van u. a., Fundamentals of Argumentation Theory, Mahwah / NJ 1996.
Fackeldey, H. C., Norm und Begründung. Zur Logik normativen Argumentierens, Bern 1992.
Follesdal, D. / L. Walloe / J. Elster, Rationales Argumentieren, Berlin 1986.
Gabriel, G., Logik und Rhetorik der Erkenntnis, Paderborn 1997.
Gethmann, C.F., Protologik, Frankfurt/M. 1979.
Ders. (Hg.), Logik und Pragmatik, Frankfurt/M. 1982.
Giegel, H.-J. (Hg.), Kommunikation und Konsens, Frankfurt/M. 1992.
Göttert, K.-H., Argumentation, Tübingen 1978.
Grewendorf, G., Argumentation und Interpretation, Kronberg 1975.
Gross, P., Die Multioptionsgesellschaft, Frankfurt/M. 1994.
Habermas, J., Technik und Wissenschaft als Ideologie, Frankfurt/M. 1968.
Ders., Der Universalitätsanspruch der Hermeneutik (1970), in: ders., Kultur und Kritik, Frankfurt/M. 1973, S. 264 ff.
Ders., Erkenntnis und Interesse, Frankfurt/M. 1973.
Ders., Wahrheitstheorien (1973), in: ders., Vorstudien und Ergänzungen zur Theorie des kommunikativen Handelns, Frankfurt/M. 1984, S. 127 ff.
Ders., Was heißt Universalpragmatik? (1976), in: ders., Vorstudien und Ergänzungen zur Theorie des kommunikativen Handelns, Frankfurt/M. 1984, S. 353 ff.
Ders., Zur Rekonstruktion des Historischen Materialismus, Frankfurt/M. 1976.
Ders., Theorie des kommunikativen Handelns, 2 Bde., Frankfurt/M. 1981.
Ders., Moralbewußtsein und kommunikatives Handeln, Frankfurt/M. 1983.
Ders., Vorstudien und Ergänzungen zur Theorie des kommunikativen Handelns, Frankfurt/M. 1984.
Ders., Der philosophische Diskurs der Moderne, Frankfurt/M. 1985.
Ders., Die neue Unübersichtlichkeit, Frankfurt/M. 1985.
Ders., Nachmetaphysisches Denken, Frankfurt/M. 1988.

Ders., Wahrheit und Richtigkeit, in: Deutsche Zeitschrift für Philosophie 46 (1988/2), S. 179 ff.
Ders., Vergangenheit als Zukunft, Zürich 1990.
Ders., Erläuterungen zur Diskursethik, Frankfurt/M. 1991.
Ders., Faktizität und Geltung, Frankfurt/M. 1992.
Ders., Die Einbeziehung des Anderen, Frankfurt/M. 1996.
Ders., Sprachtheoretische Erläuterungen zum Begriff der kommunikativen Rationalität, in: Zeitschrift für philosophische Forschung 50 (1996), S. 65 ff.
Ders., Die postnationale Konstellation, Frankfurt/M. 1998.
Ders., Wahrheit und Rechtfertigung. Philosophische Aufsätze, Frankfurt/M. 1997.
Ders./N. Luhmann, Theorie der Gesellschaft oder Sozialtechnologie?, Frankfurt/M. 1971.
Herbig, A. F., »Sie argumentieren doch scheinheilig!« Sprach- und sprechwissenschaftliche Aspekte einer Stilistik des Argumentierens, Frankfurt/M. 1992.
Horkheimer, M., Zur Kritik der instrumentellen Vernunft, 5. Aufl., Frankfurt/M. 1997.
Jamison, R./J. Dyck, Rhetorik, Topik, Argumentation, Stuttgart-Bad Cannstatt 1983.
Kienpointner, M., Alltagslogik. Struktur und Funktion von Argumentationsmustern, Stuttgart-Bad Cannstatt 1992.
Ders., Vernünftig argumentieren, Reinbek 1996.
Kopperschmidt, J., Das Prinzip vernünftiger Rede. Sprache und Vernunft, Teil I, Stuttgart 1978.
Ders., Argumentation. Sprache und Vernunft, Teil II, Stuttgart 1980.
Ders., Methodik der Argumentationsanalyse, Stuttgart-Bad Cannstatt 1989.
Ders. (Hg.), Politik und Rhetorik, Opladen 1995.
Ders./H. Schanze (Hg.), Argumente – Argumentation, München 1985.
Kuhlmann, W., Reflexion und kommunikative Erfahrung, Frankfurt/M. 1975.
Ders., Reflexive Letztbegründung, Frankfurt/M. 1984.
Ders., Sprachphilosophie, Hermeneutik, Ethik, Würzburg 1992.
Ders./D. Böhler (Hg.), Kommunikation und Reflexion, Frankfurt/M. 1982.

Lausberg, H., Handbuch der literarischen Rhetorik, 2 Bde., München 1960.
Lueken, G.-L., Inkommensurabilität als Problem rationalen Argumentierens, Stuttgart-Bad Cannstatt 1992.
Luhmann, N., Sinn als Grundbegriff der Soziologie, in: J. Habermas/ders., Theorie der Gesellschaft oder Sozialtechnologie?, Frankfurt/M. 1971, S. 25 ff.
Ders., Systemtheoretische Argumentationen, in: J. Habermas/ders., Theorie der Gesellschaft oder Sozialtechnologie?, Frankfurt/M. 1971, S. 291 ff.
Ders., Die Kunst der Gesellschaft, Frankfurt/M. 1997.
Ders., Ökologische Kommunikation, 2. Aufl., Opladen 1988.
Ders., Soziale Systeme, Frankfurt/M. 1988.
Ders., Beobachtungen der Moderne, Opladen 1992.
Ders., Über die Funktion der Negation in sinnkonstituierenden Systemen, in: Soziologische Aufklärung, Bd. 3, Opladen 1981, S. 35 ff.
Ders., Die Gesellschaft der Gesellschaft, 2 Bde., Frankfurt/M. 1997.
Lyotard, J.-F., Der Widerstreit, 2. Aufl., München 1989.
Metzing, D.W., Formen kommunikationswissenschaftlicher Argumentationsanalyse, Hamburg 1975.
Miller, M., Kollektive Lernprozesse, Frankfurt/M. 1986.
Naess, A., Kommunikation und Argumentation, Kronberg 1975.
Öhlschläger, G., Linguistische Überlegungen zu einer Theorie der Argumentation, Tübingen 1979.
Pavlidou, Th., Wahrheit – Handlung – Argumentation, Hamburg 1978.
Perelman, Ch./L. Olbrechts-Tyteca, La nouvelle rhétorique. Traité de l'argumentation, Paris 1958. (Deutsche Übers. hrsg. v. J. Kopperschmidt, Die Neue Rhetorik. Eine Abhandlung über das Argumentieren, 2 Bde., Stuttgart 2004.
Peters, B., Die Integration moderner Gesellschaften, Frankfurt/M. 1993.
Quintilian, M.F., Ausbildung des Redners, hg. und übers. von H. Rahn, 2 Bde., Darmstadt 1972.
Ros, A., Begründung und Begriff, 2 Bde., Hamburg 1989/1990.
Ryan, E.E., Aristoteles' Theory of Argumentation, Montreal 1964.
Sandig, B./U. Püschel (Hg.), Argumentationsstile, Hildesheim/New York 1993.
Schecker, M. (Hg.), Theorie der Argumentation, Tübingen 1977.
Schnädelbach, H., Reflexion und Diskurs, Frankfurt/M. 1977.

Ders., Über Rationalität und Begründung, in: Forum für Philosophie (Hg.), Philosophie und Begründung, Frankfurt/M. 1987, S. 67 ff.
Ders., Zur Rehabilitierung des animal rationale, Frankfurt/M. 1992.
Ders., Rationalitätstypen, in: Ethik und Sozialwissenschaften (EuS) 9 (1998/1), S. 79 ff.
Ders. (Hg.), Rationalität, Frankfurt/M. 1984.
Strecker, B., Beweisen, Tübingen 1976.
Toulmin, St., Der Gebrauch von Argumenten, 2. Aufl., Weinheim 1995.
Ders./R. Rieke/A. Janich, An introduction to reasoning, New York 1979.
Völzing, P.-L., Begründen, Erklären, Argumentieren, Heidelberg 1979.
Walther, J., Philosophisches Argumentieren, Freiburg 1990.
Walton, D., Argument Structure. A Pragmatic Theory, Toronto 1996.
Welsch, W., Unsere postmoderne Moderne, 2. Aufl., Weinheim 1988.
Ders., Und sie bewegt uns doch, in: Universitas 46 (1991/2), S. 1130 ff.
Ders., Vernunft. Die zeitgenössische Vernunftkritik und das Konzept der transversalen Vernunft, Frankfurt/M. 1996.
Willard, C. A., Argumentation and the Social Grounds of Knowledge, Tuscaloosa 1983.
Ders., A Theory of Argumentation, Tuscaloosa 1989.
Wittgenstein, L., Über Gewißheit, Frankfurt/M. 1971.
Wohlrapp, H. (Hg.), Wege der Argumentationsforschung, Stuttgart-Bad Cannstatt 1995.
Zoglauer, T., Normenkonflikte. Zur Logik und Rationalität ethischen Argumentierens, Stuttgart-Bad Cannstatt 1998.

Siglen

A	Apel
A-BE	Apel, Begründung
A-DV	Apel, Diskurs und Verantwortung
A-LE	Apel, Das Problem der philosophischen Letztbegründung im Lichte transzendentaler Sprachpragmatik
A-TP	Apel, Transformation der Philosophie
A/K	Apel/Kettner
A/K-VR	Apel/Kettner, Die eine Vernunft und die vielen Rationalitäten
H	Habermas
H-EA	Habermas, Die Einbeziehung des Anderen
H-ED	Habermas, Erläuterungen zur Diskursethik

H-EI	Habermas, Erkenntnis und Interesse
H-FG	Habermas, Faktizität und Geltung
H-MO	Habermas, Moralbewußtsein und kommunikatives Handeln
H-ND	Habermas, Nachmetaphysisches Denken
H-PD	Habermas, Der philosophische Diskurs der Moderne
H-PK	Habermas, Die postnationale Konstellation
H-RW	Habermas, Richtigkeit und Wahrheit
H-SE	Habermas, Sprechakttheoretische Erläuterungen zum Begriff der kommunikativen Rationalität
H-TK	Habermas, Theorie des kommunikativen Handelns
H-TP	Habermas, Theorie und Praxis
H-TW	Habermas, Technik und Wissenschaft als Ideologie
H-UH	Habermas, Der Universalitätsanspruch der Hermeneutik
H-UP	Habermas, Was heißt Universalpragmatik?
H-VE	Habermas, Vorstudien und Ergänzungen zur Theorie des kommunikativen Handelns
H-VZ	Habermas, Vergangenheit als Zukunft
H-WR	Habermas, Wahrheit und Rechtfertigung
H-WT	Habermas, Wahrheitstheorien
H-ZR	Habermas, Zur Rekonstruktion des Historischen Materialismus
L	Luhmann
L-BE	Luhmann, Beobachtungen der Moderne
L-GG	Luhmann, Die Gesellschaft der Gesellschaft
L-KU	Luhmann, Die Kunst der Gesellschaft
L-ÖK	Luhmann, Ökologische Kommunikation
L-SS	Luhmann, Soziale Systeme
L-SY	Luhmann, Systemtheoretische Argumentationen
L-ÜF	Luhmann, Über die Funktion der Negation in sinnkonstituierenden Systemen
S	Schnädelbach
S-R	Schnädelbach, Rationalität
S-RB	Schnädelbach, Über Rationalität und Begründung
S-RD	Schnädelbach, Reflexion und Diskurs
S-RE	Schnädelbach, Zur Rehabilitierung des animal rationale
S-RT	Schnädelbach, Rationalitätstypen
T	Toulmin
T-GA	Toulmin, Der Gebrauch von Argumenten

Josef Kopperschmidt, geb. 1937, ist Professor für Sprach- und Kommunikationstheorie. Veröffentlichungen u.a.: Allgemeine Rhetorik (1973/76); Das Prinzip vernünftiger Rede (1978); Argumentation (1980); Rhetorica (1985); Methodik der Argumentationsanalyse (1989); Rhetorik, 2 Bde. (1990/1991); Politik und Rhetorik (1995); Rhetorische Anthropologie (2000); zus. mit H. Schanze: Argumente – Argumentation (1985); Rhetorik und Philosophie (1989); Nietzsche oder »Die Sprache ist Rhetorik« (1994); Fest und Festrhetorik (1999).